AF469852

20 Juin 98.

marqué PN

COLLECTION TABOURIER

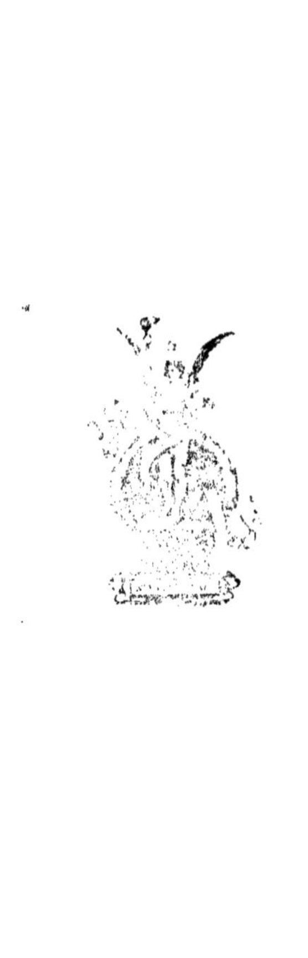

CATALOGUE

DES

TABLEAUX

AQUARELLES, GOUACHES ET DESSINS

ANCIENS ET MODERNES

TAPISSERIES, OBJETS D'ART

BRONZES D'ART, SCULPTURES

BRONZES DE BARYE

Composant la Collection

DE FEU

M. L. TABOURIER

ET DONT LA VENTE AURA LIEU PAR SUITE DE SON DÉCÈS

HOTEL DROUOT, SALLES N°s 5, 6, 7 ET 8

Les Lundi 20, Mardi 21 et Mercredi 22 Juin 1898

A DEUX HEURES

COMMISSAIRE-PRISEUR

Me PAUL CHEVALLIER

10, rue de la Grange-Batelière, 10

EXPERTS

Pour les Tableaux

M. BRAME Père	M. HECTOR BRAME	M. DURAND-RUEL
3, rue Laffitte, 3	2, rue Laffitte, 2	16, rue Laffitte, 16

Pour les Objets d'Art

MM. MANNHEIM, 7, rue Saint-Georges, 7

EXPOSITIONS

PARTICULIÈRE : *Le Samedi 18 Juin 1898, de 1 heure 1/2 à 5 heures 1/2*

PUBLIQUE : *Le Dimanche 19 Juin 1898, de 1 heure 1/2 à 5 heures 1/2*

Entrée par la rue Grange-Batelière

CONDITIONS DE LA VENTE

La vente sera faite au comptant.

Les acquéreurs paieront *cinq pour cent* en sus des adjudications.

Paris. — Imprimerie de l'Art, E. Moreau et Cie, 41, rue de la Victoire.

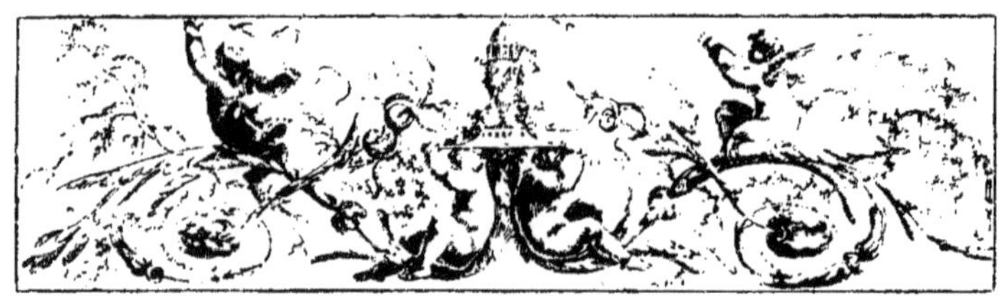

Désignation

TABLEAUX MODERNES

BONINGTON

1 — *Marine.*

Sur le premier plan, deux barques ensablées. Deux pêcheurs causent sur la grève. Un canot, presque dans la mer, est indiqué avec une grande délicatesse de touche, mais cependant avec une intensité de tons suffisante pour que la rade qui précède la ville silhouettée dans le fond prenne, grâce à cette note préalable, une apparence d'une justesse inouïe. Le ciel est d'un grand mouvement quoique fait avec rien. Ce petit tableau de Bonington est une exquise symphonie en gris.

Haut., 21 cent.; larg., 42 cent.

BONVIN

(FRANÇOIS)

1 — *L'Alambic.*

Au premier plan, un moine est occupé à chauffer l'alambic. Dans le fond, trois moines, dont le premier dicte une recette que le second écrit, pendant que le troisième paraît examiner le produit obtenu.

Tableau d'une très belle exécution.
Œuvre importante du peintre.

Signé : 1874. F. Bonvin.

Haut., 60 cent.; larg., 50 cent.

(*Exposition Universelle 1889.*)

BRUNIN

(LÉON)

3 — *La Leçon de chant.*

Un gentilhomme, en costume Louis XIII, est assis, accordant un violoncelle. Une jeune femme en robe de satin blanc se dispose à chanter, accompagnée par le gentilhomme.

Signé en bas et à gauche : LÉON BRUNIN. Antwerpen.

Haut., 1 m. 7 cent.; larg., 78 cent.

(*Collection Huybrechts.*)

BRUNIN

(LÉON)

4 — *Le Géographe.*

Un géographe, coiffé d'une calotte de velours, est assis à une table et penché sur un atlas aux nombreux feuillets.

Signé en bas et à gauche : LÉON BRUNIN. Antwerpen.

Haut., 42 cent.; larg., 53 cent.

(*Collection Huybrechts.*)

CHARLEMONT

(ED.)

5 — *Le Gardien du palais.*

Un nègre richement vêtu, magnifiquement armé, se tient à la porte d'un palais oriental d'une belle architecture, foulant aux pieds des tapis d'une grande richesse.

Tableau d'une grand finesse d'exécution.

Signé en bas et à gauche : ED. CHARLEMONT.

Haut., 46 cent.; larg., 30 cent.

CHARLEMONT

(ED.)

6 — *Jeune Femme.*

Elle est brune, coiffée d'un chapeau bleu, vêtue d'un manteau noir, les mains dans un manchon.

Haut., 77 cent.; larg., 62 cent.

CHARLEMONT

(ED.)

7 — *Tête d'Homme.*

Il est vu en buste, la tête tournée vers le spectateur et coiffé d'un chapeau de feutre aux larges bords.

Signé en bas et à droite : E. C.

Haut., 25 cent.; larg., 19 cent.

CHARLET

8 — *La Dispute.*

Des officiers viennent de jouer aux cartes. L'un d'entre eux s'est levé et montre le poing au gagnant. D'autres personnages, dans le fond, regardent cette scène. Dans le lointain, un factionnaire armé d'une hallebarde monte la garde.

Signé en bas et à gauche : Charlet, 1825.

Haut., 25 cent.; larg., 32 cent.

COROT

(C.)

9 — *Intérieur de ferme.*

Tableau très clair. A droite, un puits d'où une vieille femme tire de l'eau. Devant ce puits, au premier plan, une petite fille caresse un chien. A gauche, un vieillard, de face, cause avec une femme placée de trois quarts, pendant que, au-dessus d'eux, à l'une des croisées, une autre femme semble les écouter. Une sixième figure, la silhouette d'une femme, apparaît par la fenêtre ouverte dans le bâtiment qui forme le fond du tableau. Des poules picorent dans la cour. Une bassine en cuivre se modèle dans l'ombre perdue du bâtiment de gauche.

Corot a fait peu de tableaux aussi animés que l'*Intérieur de ferme.*

Signé en bas et à gauche : Corot.

Haut., 37 cent.; larg., 45 cent.

COROT

(C.)

10 — *Paysage des environs d'Arras.*

A droite, presque au centre, une ferme dont le mur est baigné de lumière. Au fond, le clocher d'Arras. Au pied de l'escalier en bois de la ferme, un homme et une femme. Sur le premier plan, dans la partie droite, des arbres et un buisson traité avec la maîtrise du grand paysagiste. Puis une haie de bois mort devant laquelle est merveilleusement campée une figure de petite fille.

Signé en bas et à gauche : Corot.

Haut., 44 cent.; larg., 33 cent.

DAUBIGNY

(CH.)

11 — *Bords de l'Oise.*

A gauche, un bouquet d'arbres se profilant sur le ciel clair d'une transparence et d'un éclat incomparables. Une femme arrime un bateau chargé de joncs. Au premier plan, des canards. Le fond, formé d'une succession de massifs d'arbres plus fourni que le motif de la partie de gauche, est d'une profondeur dont l'impression est saisissante.

Signé en bas et à gauche : DAUBIGNY.

Haut., 32 cent.; larg., 62 cent.

DAUBIGNY

(CH.)

12 — *La Prairie.*

Une des belles toiles de Daubigny. Le paysage est établi avec une hardiesse de parti-pris qui donne un charme extraordinaire à l'éclat de la prairie, s'étalant au premier plan, en pleine lumière. Les fleurs champêtres, où domine la note joyeuse des coquelicots, sont traitées avec une étonnante précision. La note sombre du rideau d'arbres, qui marque avec un village une étape vers un horizon infini, encadre la prairie avec une rare puissance.

Signé en bas et à gauche : DAUBIGNY.

Haut., 37 cent.; larg., 69 cent.

DECAMPS

(ALEXANDRE)

13 — *Samson et les Philistins.*

Samson est représenté au milieu des Philistins qui l'attaquent. Armé d'une mâchoire d'âne il a déjà massacré plusieurs d'entre eux. Un groupe de cavaliers cherchent à le frapper par derrière, tandis que devant lui des hommes à pied semblent attendre le moment propice pour le terrasser.

Signé en bas et à gauche: D. C.

Haut., 18 cent.; larg., 28 cent.

(*Collection de Monseigneur le duc d'Orléans.*)

DECAMPS

(ALEXANDRE)

14 — *La Pèche du thon.*

Une embarcation montée par cinq pêcheurs. La pêche du thon sur la Méditerranée par un soleil couchant.

Très vigoureuse composition d'un grand accent de coloration.

Signé en bas et à gauche: D. C.

Haut., 42 cent.; larg., 65 cent.

DELACROIX

(EUG.)

15 — *Lutte de Jacob avec l'Ange.*

Projet de la décoration de l'Église Saint-Sulpice, à Paris. Dans un paysage figurant un tertre, sur lequel s'enchevêtrent des arbres aux troncs robustes et qui domine un ravin aboutissant à une plaine indiquée au fond du tableau, Jacob lutte avec l'Ange. Des cavaliers et une caravane passent rapidement dans le ravin.

Signé en bas et à gauche : Eug. Delacroix.

Cadre cintré du haut.

Toile. Haut., 56 cent.; larg. 40 cent.

DELACROIX

(EUG.)

16 — *Héliodore chassé du temple.*

Projet de la décoration de l'Église Saint-Sulpice, à Paris. Sur le premier plan, Héliodore déjà terrassé. Le cheval et son cavalier, qui sont au second plan devant l'une des colonnes du temple, est d'un superbe mouvement. Les cinq figures principales sont d'ailleurs d'une science de composition admirable. Au fond, à droite, des prêtres dans une tribune. A gauche, un groupe de femmes.

Cadre cintré du haut.

Toile. Haut., 55 cent.; larg., 39 cent.

(*N° 52 du Catalogue de la vente posthume de Delacroix.*)

DELACROIX

(EUG.)

17 — *Lady Macbeth.*

Lady Macbeth, drapée dans un large vêtement dont la tonalité ne s'éloigne pas sensiblement du ton des chairs, le front ceint d'une étoffe blanche, les yeux hagards, tenant à la main une lampe, se livre dans la nuit à ses imprécations. A gauche, une large colonne. Au fond, les deux témoins du drame qui se tiennent dans l'ombre.

Signé en bas et à droite : EUG. DELACROIX.

Gravé au burin par Metzmacher pour le journal l'*Artiste.*

Cité dans l'œuvre de Delacroix, par A. Robaut.

Toile. Haut., 41 cent.; larg., 32 cent.

(Salon de 1850-1851.)

(Collection Théophile Gautier.)

(Exposition Universelle de 1889.)

DELACROIX

(EUG.)

18 — *La Fiancée d'Abydos.*

La fiancée d'Abydos, dans une grotte qui s'ouvre sur l'Hellespont, s'affaisse, résistant à son ravisseur vêtu à l'albanaise. Dans le fond, à droite, dans la pénombre de la grotte, accourent les compagnons de Sélim.

Signé en bas et à droite : Eug. Delacroix.

Lithographie par Ch. Hue pour la publication intitulée : *Souvenirs d'Artistes.*

Catalogué dans l'œuvre d'Eug. Delacroix, par A. Robaut.

Toile. Haut., 32 cent.; larg., 40 cent.

DELACROIX

(EUG.)

19 — *Le Roi Jean à la bataille de Poitiers.*

Une rude mêlée. A gauche, les chevaliers du roi Jean. Le roi Jean lui-même dominant la foule des combattants. A droite, le Prince Noir entouré de ses féaux. Les plaines du Poitou, s'étendant à l'infini, heurtées, cahoteuses, sous le ciel sombre. Une éclaircie au milieu des nuages laisse surgir la ligne des remparts de Poitiers.

Signé en bas et à droite : E. D.

Haut., 53 cent.; larg., 65 cent.

(Collection du peintre N. Diaz.)
(Collection de M. le baron de Beurnonville.)
(Exposition Universelle de 1889.)

DIAZ

(N.)

20 — *Les Dernières larmes.*

Cinq figures très étudiées. Celle qui domine le groupe est une figure de jeune homme, les quatre autres sont des figures de femmes; l'une de ces figures, celle qui pose la main sur la poitrine du jeune homme, est nue, vue de dos, d'un modelé très remarquable.

En bas et à gauche : cachet de la vente Diaz.

Haut., 50 cent.; larg., 33 cent.

DIAZ

(N.)

21 — *Dessous de forêt.*

Très beau tableau, d'une facture ferme et solide. L'empâtement des troncs de hêtres, du premier plan à gauche, donne un relief extraordinaire à cette partie du tableau. La lumière, tamisée sur les rochers et sur le sol à travers le feuillage, est rendue avec une telle justesse que l'effet général de l'œuvre est d'une harmonie des plus séduisantes.

Signé en bas et à droite : N. Diaz, 60.

Haut., 40 cent.; larg., 52 cent.

DIAZ

(N.)

22 — *La Convalescente.*

Une jeune femme dans son lit, la poitrine dégagée et laissant voir les seins nus, écarte de la main droite le rideau du lit; dans la main gauche, elle tient un médaillon qu'elle regarde.

Tableau d'un grand charme, d'une grande finesse de tons et d'exécution.

Signé en à bas et droite: N. Diaz.

Haut., 18 cent.; larg., 25 cent.

DIAZ

(N.)

23 — *L'Automne.*

Une jeune femme, assise, tient dans ses bras un amour qu'une autre femme, placée derrière, agace avec une grappe de raisin. Au premier plan, un second amour est à cheval sur un épagneul.

Signé en bas et à droite: N. Diaz.

Haut., 30 cent.; larg., 20 cent.

DIAZ

(N.)

24 — *La Vierge et l'Enfant Jésus.*

La Vierge tient sur ses genoux l'Enfant Jésus, ils sont tous deux nimbés d'une auréole.

Signé en bas et à gauche : N. Diaz.

Haut., 25 cent.; larg., 20 cent.

DIAZ

(N.)

25 — *Fleurs.*

Un bouquet composé de roses roses, blanches, de marguerites et autres fleurs.

Signé en bas et à droite : N. D.

Haut., 5 cent.; larg., 3 cent. 1/2.

FORTUNY

(MARIANO)

26 — *Fantasia Arabe.*

Devant des maisons à l'architecture arabe, une foule de personnages et des chefs en burnous blancs assistent à la fantasia effrénée qu'exécutent des guerriers du pays, se livrant, le fusil à la main, à toutes sortes d'exercices de gymnastique et faisant parler la poudre.

Quelques spectateurs sont assis au premier plan ; à gauche, au second plan, un cavalier, le visage à moitié caché par son burnous.

Le cachet de la vente Fortuny en bas et à droite.

Bois. Haut., 36 cent.; larg., 57 cent.

(*Collection Secrétan.*)

FROMENTIN

(EUG.)

27 — *Étude de Cavaliers arabes.*

Très ancienne étude. Les rapports de tons sont d'une grande justesse. Le personnage à gauche est très poussé. L'ensemble du panneau, qui contient cinq personnages, est d'ailleurs d'une charmante harmonie.

Signé en bas et à droite : EUG. F.

Haut., 25 cent.; larg., 35 cent.

GÉRICAULT

28 — *La Charrette de blessés.*

Deux soldats, un grenadier de la vieille garde et un cuirassier, aidés par un autre grenadier, assis sur le rebord de la charrette, chargent un blessé. La charrette est déjà encombrée par cinq blessés. Un paysan, vu de dos, conduit le cheval. Parmi les blessés, un officier le bras en écharpe.

Haut., 32 cent.; larg., 30 cent.

GÉRICAULT

29 — *Nature morte.*

L'artiste a emprunté son sujet à une partie d'un tableau de Weenix : *les Produits de la chasse.* (Musée du Louvre.)

Haut., 64 cent.; larg., 80 cent.

(*Collection Binder.*)

GÉRICAULT

30 — *Nature morte.*

Copie d'après David de Heem.

Haut., 1 m.; larg., 81 cent.

GÉROME

31 — *Le Duel après le bal.*

Répétition de son grand tableau.

Signé en bas et à gauche : Gérome.

Fixé.

Cadre en or ciselé avec écusson rehaussé d'émail bleu.

Larg., 44 millim.; haut., 31 millim.

GLEIZE

(A.)

32 — *La Lecture.*

Une jeune femme blonde est appuyée, la main sur l'épaule d'un homme âgé, assis à une table. Elle lit une gazette étalée devant eux.

Signé en haut et à gauche du monogramme : A G.

Haut., 9 cent.; larg., 6 cent. 1/2.

ISABEY

(EUG.)

33 — *Entrée d'un Port à marée basse.*

Tableau de la belle époque d'Isabey. A droite, un cavalier monté sur un cheval, traînant à sa suite un autre cheval, se dispose à franchir un gué formé par un relais de mer. Trois bateaux dans le fond. A gauche, des navires, des chaloupes de pêche, un village. Sur le premier plan, une femme portant du poisson.

Signé en bas et à droite : E. ISABEY, 61.

Haut., 85 cent.; larg., 1 m. 25 cent.

JONGKIND

(J.-B.)

34 — *Le Chemin de halage.*

Un moulin à gauche. A droite, sur la rivière, un chaland halé par un cheval monté. Un bateau chargé de foin arrive en sens contraire. Au fond, une ville surmontée d'un clocher d'une architecture bizarre. Ciel très étudié.

Signé en bas et à gauche : JONGKIND.

Haut., 33 cent.; larg., 45 cent.

MEISSONIER

(E.)

35 — *Le Dante.*

Il est vu debout et de profil. Couronné de lauriers, il est vêtu d'une ample robe rouge aux larges plis tombant droit dans le dos et se drapant sur le devant. Il tient un livre à la main.

Signé en bas et à gauche du monogramme : E. M.

Bois. Haut., 28 cent.; larg., 16 cent.

(*Collection Van Praët.*)

MEISSONIER

(E.)

36 — *Fossés des remparts d'Antibes.*

Les sables des fossés. Un redan, un pan des murailles d'Antibes. Quelques plaques d'herbe. Le tout surmonté d'un ciel bleu. En un mot, une délicieuse impression du pays d'azur.

Signé en bas et à droite : E. M.

Haut., 22 cent.; larg., 35 cent.

MEISSONIER

(E.)

37 — *Cuirassier.*

Étude sur panneau pour le tableau de 1807.

Signé en bas et à droite : E. M.

Haut., 18 cent.; larg., 10 cent.

(*Provient de la vente de l'artiste.*)

MEISSONIER

(E.)

38 — *L'Allée de platanes.*

Paysage peint à Antibes. Les platanes avec leurs larges troncs occupent la partie gauche du panneau. Leur feuillage laisse passer dans l'allée des trouées de lumière alternant avec des plans d'ombres jusqu'au fond où l'artiste a mis la note de lumière la plus éclatante.

Signé en bas et à droite : E. M.

Haut., 18 cent.; larg., 13 cent.

(*Provient de la vente de l'artiste.*)

MEISSONIER

(E.)

39 — *Hussard.*

Il est vu de dos et à pied, tenant son cheval de la main droite et son sabre de la main gauche.

Signé en bas et au milieu du monogramme : E. M.

Haut., 30 cent.; larg., 23 cent.

MEISSONIER

(E.)

40 — *Étude de cheval.*

Cheval blanc au repos, sur panneau. Etude en plein air.

Signé en bas et à droite du monogramme : E. M.

Haut., 10 cent.; larg., 12 cent.

MILLET

(J.-F.)

41 — *Marine.*

Tableau presque unique dans l'œuvre de Millet. Sur la mer houleuse et sous un ciel chargé de nuages, une barque avec toute sa voilure marche rapidement. Millet a montré dans ce tableau des qualités de peintre vraiment extraordinaires.

Signé en bas et à droite du cachet : J.-F. MILLET.

(*Exposition Universelle de 1889.*)

Haut., 70 cent.; larg., 90 cent.

REYNAUD

(FRANÇOIS)

42 — *Les Joies de l'enfance.*

Sur un terrain incliné, deux jeunes Italiennes se reposant, se distraient en regardant s'ébattre un enfant que l'une d'elle amuse avec une branche.

Signé en bas et à gauche : F. REYNAUD.

Haut., 50 cent.; larg., 58 cent.

RICARD

(GUSTAVE)

43 — *Portrait d'Homme.* (*Costume XVIIe siècle.*)

Tourné de trois quarts à droite, coiffé d'un chapeau de feutre à larges bords.

Grisaille.

Haut., 43 cent.; larg., 35 cent.

ROUSSEAU

(TH.)

44 — *Clair de lune en forêt.*

Le *Clair de lune en forêt* est un superbe tableau où la préoccupation de donner l'impression juste du jeu de lumière dans la nuit, sans recourir aux oppositions faciles, a conduit le peintre à une recherche sans analogie dans l'œuvre d'aucun artiste. Malgré les noirs apparents des arbres du premier plan, lorsque l'on regarde attentivement le *Clair de lune en forêt*, il n'est en effet rien dans ce tableau qui ne soit d'une parfaite limpidité. Rien d'ailleurs n'a poussé dans le *Clair de lune*. Le tableau semble fait d'hier.

Signé en bas et à gauche : TH. ROUSSEAU.

Haut., 53 cent.; larg., 65 cent.

ROUSSEAU

(TH.)

45 — *La Chesnaie.*

Étude très poussée en grisaille. Un chêne énorme occupe le centre du tableau. De chaque côté, des chênes moins importants complètent la masse de la végétation. Au fond, un corps de ferme. A droite, les dépendances de la ferme.

Provient de l'atelier de l'artiste, lors de l'achat des tableaux et études de ce maître par M. Brame père.

Conf. *Souvenirs sur Rousseau*, par ALFRED SENSIER, Techener, éditeur, pages 326 et suivantes.

Haut., 61 cent.; larg. 96 cent.

ROUSSEAU

(TH.)

46 — *Les Lavandières.*

Des femmes lavent sur le bord de la Seine, que remontent des bateaux. De l'autre côté de la rivière, une rangée d'arbres. Dans le fond, l'indication d'une ville. Ciel très chargé.

Tableau exceptionnel dans l'œuvre du maître.

Provient de l'atelier de l'artiste, lors de l'achat des tableaux et études de ce maître par M. Brame père.

Conf. *Souvenirs sur Rousseau,* par ALFRED SENSIER, Techener, éditeur, pages 326 et suivantes.

Signé en bas et à gauche : TH. ROUSSEAU.

Haut., 26 cent.; larg., 32 cent.

ROUSSEAU

(TH.)

47 — *Effet de pluie.*

Le peintre s'est servi du ton du panneau pour modeler les terrains du premier plan. Au fond, à droite, la masse de la forêt de Fontainebleau. A gauche, des rochers et un arbre s'enlevant sur le ciel pluvieux.

Étude très intéressante.

Provient de l'atelier de l'artiste, lors de l'achat des tableaux et études de ce maître par M. Brame père.

Conf. *Souvenirs sur Rousseau,* par ALFRED SENSIER. Techener, éditeur, pages 326 et suivantes.

Signé en bas et à gauche : TH. ROUSSEAU.

Haut., 25 cent.; larg., 40 cent.

ROUSSEAU

(TH.)

48 — *Ruines du château de Mallièvre (Vendée)*.

Étude faite par Rousseau au cours d'un de ses nombreux voyages en Vendée. Au second plan, les ruines du château de Mallièvre. La Sèvre est marquée par les arbres du premier plan. A l'horizon à droite, l'église de Mallièvre. A gauche, le village.

Provient de l'atelier de l'artiste, lors de l'achat des tableaux et études de ce maître par M. Brame père.

Conf. *Souvenirs sur Rousseau*, par ALFRED SENSIER. Techener, éditeur, pages 326 et suivantes.

Haut., 23 cent.; larg., 32 cent.

ROUSSEAU

(TH.)

49 — *Paysage d'automne*.

Sur la lisière d'un bois (paysage de Sologne), un chasseur, le fusil en bandoulière, suit son chien qui quête sous les touffes de bruyère. Au centre, un arbre très étudié se détache sur le ciel.

Signé en bas et à gauche : TH. ROUSSEAU.

Haut., 18 cent.; larg., 27 cent.

(*Collection Marmontel.*)

ROUSSEAU

(TH.)

50 — *Paysage et rochers; Fontainebleau.*

Étude d'une rare puissance.

Haut., 30 cent.; larg., 43 cent.

(*Vente posthume de Barye.*)

ROUSSEAU

(TH.)

51 — *Rochers.*

Étude plus poussée que la précédente, d'une grande vigueur de tons.

Haut., 28 cent.; larg., 45 cent.

(*Vente posthume de Barye.*)

ROYBET

(F.)

52 — *Le Porte-Étendard.*

Portrait du peintre Guillemet.

L'homme, la tête haute enfouie dans une fraise, tient l'étendard de la main droite et retient de la main gauche son épée par la garde.

Tableau de grande allure.

Signé en haut et à gauche : F. Roybet.

Haut., 1 m. 28 cent.; larg., 93 cent.

(*Salon de 1897.*)

ROYBET

(F.)

53 — *Nature morte.*

Groupe de faisans, de perdrix, un fusil et le carnier du chasseur. Sur le premier plan, un pivert et divers petits oiseaux.

Signé en bas et à droite : F. Roybet.

Haut., 1 m. 95 cent.; larg., 55 cent.

ROYBET

(F.)

(PENDANT DU PRÉCÉDENT)

54 — *Nature morte.*

Un chevreuil, un lièvre, un lapin sur le second plan. Sur le premier plan, un écureuil. Plus près du spectateur, une poire à poudre.

Signé en bas et à droite : F. ROYBET.

Haut., 1 m. 95 cent.; larg., 55 cent.

VOLLON

(A.)

55 — *Marine.*

De nombreux voiliers sont dans une baie à l'entrée d'un port.

Tableau d'une tonalité générale grise et d'une grande finesse d'exécution.

Signé en bas et à droite : A. VOLLON.

Haut., 18 cent.; larg., 25 cent.

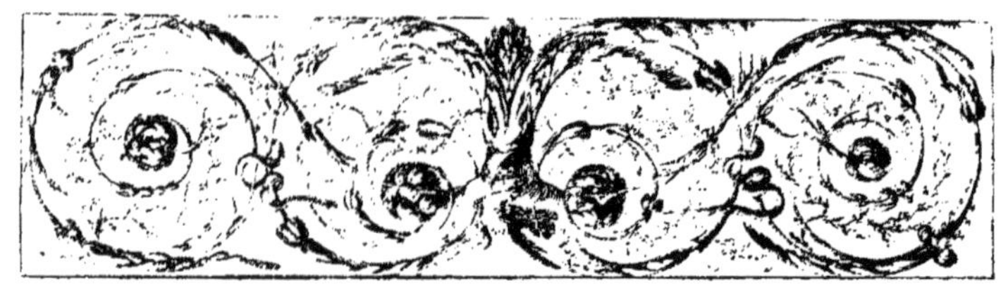

DESSINS & AQUARELLES MODERNES

BIDA

56 — *Mathieu l'argentier.*

C'est une épisode de la vie de Jésus-Christ.

Jésus, accompagné de quelques disciples, se tient debout près du comptoir de l'argentier Mathieu, qui s'avance pour discuter; mais, vaincu et soumis par la parole du Christ, il abandonne sa demeure et ses biens pour l'accompagner.

Intéressant dessin aux personnages d'une attitude pleine de noblesse.

Signé en bas et à gauche : BIDA.

Haut., 60 cent.; larg., 44 cent.

Collection Roederer.)

BIDA

57 — *Le Souper chez Rachel.*

Après dîner. Alfred de Musset lit dans un livre que tient Rachel, tandis que la mère de celle-ci est assoupie dans un fauteuil. La scène est éclairée par une bougie posée sur la table non encore desservie.

Beau dessin au crayon noir.

Signé en bas et à gauche : Bida.

Haut., 23 cent.; larg., 15 cent.

CHARLEMONT

(ED.)

58 — *Tête d'Homme.*

Il est vu de face et coiffé d'une calotte noire.

Dessin au crayon noir.

Signé en bas et à droite : E. Charlemont, 1880.

Haut., 14 cent.; larg., 10 cent.

CHARLET

59 — *Le Billet de logement.*

Un carabinier chevronné, grisé par de nombreuses libations, se laisse choir de son tabouret. Ses hôtes rient de son ivresse et tentent de l'empêcher de tomber; derrière lui, un enfant s'est coiffé de son casque, tandis qu'un autre enfant joue au soldat avec un balai.

Aquarelle.

Signée en bas et à gauche : CHARLET.

Haut., 32 cent.; larg., 39 cent.

CHARLET

60 — *Intérieur de Cabaret.*

Au premier plan, deux soldats, en costume du XIVe siècle, pris de boisson, sont assis par terre, l'un d'eux chante; derrière eux, un de leurs camarades, en armes, cherche un point d'appui contre le mur. Un quatrième, assis à la table, chante, tandis qu'un bourgeois, les mains appuyées sur un pot de grès, rit de leur ivresse. D'autres personnages animent cette scène.

Importante aquarelle.

Signée en bas et à gauche : CHARLET, 1887.

Haut., 30 cent.; larg., 34 cent.

CHARLET

61 — *Fantassins en ébriété.*

Un caporal, plusieurs fois chevronné, le shako de travers, la tenue en désordre, cherche en vain à s'éloigner de la table où il abandonne de nombreuses bouteilles vides. Derrière lui, son camarade est étendu par terre.

Aquarelle.

Signée en bas et à droite : CHARLET.

Haut., 30 cent.; larg., 24 cent.

DECAMPS

(ALEXANDRE)

62 — *Mulet.*

Dans un site, à l'architecture mauresque, un mulet chargé de son bat.

Signé en bas et à droite : D. C.

Haut., 28 cent.; larg., 40 cent.

DELACROIX

(EUG.)

63 — *Musiciens arabes.*

Deux Arabes, debout en face l'un de l'autre, chantent et gesticulent. L'un d'eux pince de la mandoline. Autour d'eux, des hommes et des femmes du Maroc, les uns assis, les autres debout, les regardent.

Parmi eux, à gauche, un Arabe couvert d'un long caban, la tête enveloppée de laine; un peu plus loin, des femmes et un enfant richement habillés de soie et d'or prêtent une grave attention. A droite, un jeune homme debout, à vêtement bleu, portant une sacoche de cuir; à côté, un Arabe assis, enveloppé de son burnous; plus loin, un nègre à veste rouge, et d'autres personnages marocains paraissent tous attentifs à cette scène théâtrale. Sur le premier plan, sont les vêtements, les sandales et chapelets des chanteurs. Au fond, une campagne profonde coupée par des renflements de terrain, des chemins, des fossés, des habitations. A l'horizon, les montagnes bleues de l'Atlas et un ciel à nuages grandioses.

Aquarelle d'une grande puissance.

Signée en bas et à droite : Eug. Delacroix, 1836.

Gravée à l'eau-forte, par Laguillermie.

Haut., 42 cent.; larg., 58 cent.

(Collection Demidoff.)
(Collection Bouruet-Aubertot.)
(Collection Duval.)
(Collection Faure.)
(Collection Marmontel.)
(Exposition Universelle de 1889.)

Citée dans l'*Œuvre de Delacroix*, par Robaut.

Il existe, au Musée de Tours, un tableau peint à l'huile par Delacroix et représentant cette scène.

DELACROIX

(EUG.)

64 — *Faust et Méphistophélès.*

Faust et Méphistophélès hantés par l'image du chien grandissant.

Dessin au crayon noir.

Haut., 22 cent.; larg., 17 cent.

DELACROIX

(EUG.)

65 — *Quarante-neuf Croquis, Dessins et Aquarelles.*

Signés du cachet de la vente.

Ce lot sera divisé.

DUPRÉ

(JULES)

66 — *Paysage.*

Au premier plan, un étang dans lequel des vaches viennent se désaltérer. A gauche, une chaumière derrière laquelle se trouve un massif de grands arbres, qui se détachent sur un ciel nuageux. A droite, un personnage puise de l'eau, une autre figure se dessine dans le lointain.

Beau dessin d'une grande puissance.

Dessin aux deux crayons.

Signé en bas et à gauche : JULES DUPRÉ, 1835.

Haut., 40 cent.; larg., 57 cent.

(*Exposition Universelle de 1889.*)

FROMENTIN

(EUG.)

67 — *La Chasse au faucon.*

Aquarelle, étude.

En bas et à droite : le cachet de la vente.

Haut., 32 cent.; larg., 24 cent.

GAVARNI

68 — *Non, Faisandet! Non!... les femmes!... des bêtises!*

Aquarelle.

Signée en bas et à gauche : Gavarni.

Haut., 29 cent.; larg., 21 cent.

(*Exposition Universelle de 1889.*)

GAVARNI

69 — *Innocence.*

Belle aquarelle.

Signée en bas et à droite : Gavarni.

Haut., 29 cent.; larg., 20 cent.

GAVARNI

70 — *Le macadam est comme l'amour : ça a des moments pas propres.*

Aquarelle.

Signée en bas et à droite : GAVARNI.

Haut., 28 cent.; larg., 20 cent.

GAVARNI

71 — *Que va donc faire le sire de Framboisie?*

Aquarelle.

Signée en bas et à gauche : GAVARNI.

Haut., 28 cent.; larg., 20 cent.

GAVARNI

72 — *Moi le carnaval, je ne trouve pas ça très gai.*

Aquarelle.

Signée en bas et à gauche : Gavarni.

Haut., 28 cent.; larg., 20 cent.

GAVARNI

73 — *Ne faut pas demander, mais la pauvreté n'est pas défendue.*

Aquarelle.

Signée en bas et à gauche : Gavarni.

Haut., 28 cent.; larg., 20 cent.

GAVARNI

74 — *Petit commerce.*

Aquarelle.

Haut., 28 cent.; larg., 20 cent.

INGRES

75 — *Portrait d'Homme.*

De trois quarts à gauche, debout, tenant fermé son carrik de la main droite ; le bras gauche pendant naturellement. Le menton rasé, de petits favoris courts, des cheveux en broussailles.

Mine de plomb.

Signé en bas et à droite : INGRES. Rome, 1813.

Haut., 27 cent.; larg., 20 cent.

ISABEY

(EUG.)

76 — *Réception de la reine d'Angleterre, par le roi Louis-Philippe.*

La reine, sur son yacht, reçoit le roi Louis-Philippe entouré de ses fils et d'une nombreuse suite. Une embarcation recouverte d'un dais attend les souverains ; près d'elle, une autre embarcation escorte la première. Dans le lointain, les vaisseaux pavoisés font les saluts d'usage.

Belle aquarelle.

En bas et à gauche : le cachet de la vente Isabey.

Haut., 45 cent.; larg., 58 cent.

LAMI

(EUGÈNE)

77 — *Le Rhin allemand.*

Le fleuve est symbolisé par un vieillard à longue barbe, couché et versant l'eau d'une urne sur laquelle il s'appuie. Des figures ailées suspendent aux arbres des écussons aux armes de Lorraine; dans le fond du paysage, sous le regard de l'aigle noir couronné, s'agitent nos armées triomphantes..... jadis !

Nous l'avons eu votre Rhin allemand,
Son sein porte une plaie ouverte,
Du jour ou Condé triomphant
A déchiré sa robe verte,
Où le père a passé passera bien l'enfant.

Haut., 11 cent.; larg., 16 cent.

(*Collection Denain.*)

LELOIR

(LOUIS)

78 — *L'Inspiration.*

Dessin à la mine de plomb, ébauché d'aquarelle.

Signé en bas et à droite : Louis Leloir.

Haut., 29 cent.; larg., 19 cent.

MEISSONIER

(E.)

79 — *Le Buveur.*

Un buveur accoudé à une table chargée de verres de bière. Costume Louis XIII.

Dessin aux deux crayons.

Signé en bas et à droite : E. M., 1864.

Haut., 53 cent.; larg., 42 cent.

MEISSONIER

(E.)

80 — *Polichinelle.*

Le polichinelle est assis, souriant, les mains campées sur ses genoux.

Dessin aux deux crayons.

Signé en bas et à gauche du monogramme : E. M.

Haut., 60 cent.; larg., 43 cent.

MEISSONIER

(E.)

81 — *Seigneur Louis XIII.*

Il est représenté coiffé d'un chapeau à plumes blanches et fumant une pipe. Il est debout, appuyé sur un parapet et interroge l'horizon du regard.

Dessin aux deux crayons.

Signé en bas et à gauche : E. M., 1862.

Haut., 58 cent.; larg., 43 cent.

MEISSONIER

(E.)

82 — *Portrait d'Augustine Brohan.*

Elle est vue de trois quarts à gauche, la tête coiffée d'une cornette.

Dessin à la mine de plomb.

Signé en bas et à droite : E. M.

Ovale. Haut., 11 cent.; larg., 9 cent.

MILLET

(J.-F.)

83 — *Le Faucheur.*

Il est représenté affûtant sa faux.

Dessin au crayon noir.

Signé en bas et à gauche : J. F. M.

Haut., 15 cent.; larg., 22 cent.

MILLET

(J.-F.)

84 — *La Pleureuse.*

Sanguine forme ovale.

Signé en bas et à gauche du cachet : J. F. M.

Haut., 11 cent.; larg., 9 cent.

MILLET

(J.-F.)

85 — *Les Couseuses.*

Croquis au crayon noir.

Haut., 15 cent.; larg., 10 cent.

PETTENKOFFEN

86 — *Artilleur.*

Un artilleur conduit une pièce au grand trot d'un cheval.

Aquarelle.

Signée en bas et à droite : Pettenkoffen.

Haut., 21 cent.; larg., 30 cent.

ROUSSEAU

(TH.)

87 — *Mare dans la forêt.*

Au premier plan, une mare dans laquelle se reflète un massif d'arbres.

Dessin à la plume et à la mine de plomb.

Signé en bas et à gauche du cachet : Th. R.

Haut., 10 cent.; larg., 15 cent.

ROUSSEAU

(TH.)

88 — *Paysage.*

Dessin à la plume et à la mine de plomb.

Signé en bas et gauche du cachet : Th. R.

Haut., 10 cent.; larg., 12 cent.

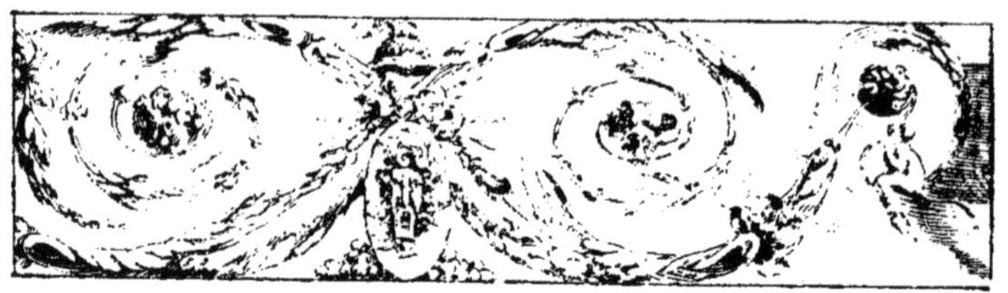

TABLEAUX ANCIENS

ÉCOLE FRANÇAISE

BOUCHER

(FRANÇOIS)

89 — *L'Amour oiseleur.*

Quatre figures. La principale, faisant face au spectateur, a la main droite appuyée sur la cage, dans laquelle un autre amour introduit une colombe. Le troisième, sur le dernier plan, observe. Le quatrième cherche à prendre un autre oiseau. Le paysage largement traité, pour la plus grande partie, occupé par un sentier sur lequel se tiennent les quatre amours, est surtout remarquable par l'harmonie du ciel très mouvementé et des arbres.

Haut., 85 cent.; larg., 92 cent.

CLOUET

90 — *Portrait de Seigneur.*

La tête est en pleine lumière. Les plans du nez et le dessin de la bouche ont, aussi bien que les yeux, un accent extraordinaire. La barbe est blonde. Ce portrait est coiffé d'une toque noire avec plume pendant sur le côté gauche. La collerette est dentelée sans être munie des cordons d'attache ordinaires. Le pourpoint est noir, traversé par une chaîne d'or. La houppelande est garnie d'une fourrure grise. La manche gauche, seule visible, laisse voir sous le noir de l'étoffe le blanc de la chemise.

Haut., 18 cent.; larg., 15 cent.

CLOUET

91 — *Portrait d'Homme.*

Il est vu de trois quarts à droite, la tête découverte, les cheveux taillés en brosse, le visage encadré d'une barbe châtain clair. Son vêtement est orné de fourrure.

Haut., 16 cent.; larg., 14 cent.

FRAGONARD

(HONORÉ)

92 — *Le Vœu à l'Amour.*

Une jeune fille, sorte d'apparition, se précipite au pied de l'autel de l'Amour, pour lui demander d'exaucer ses vœux.

Dans le compte rendu d'une Exposition de Peinture de l'École Française du XVIIIe siècle paru dans la *Gazette des Beaux-Arts* (1860), M. *Thoré-Burger* s'exprime ainsi :

« Elle vole et ne tient plus à la terre : elle semble enveloppée de je ne sais quel encens qui enivre et consume, quand on se livre au fils de Vénus... Fragonard, en cette esquisse, s'est élancé au delà des limites de la peinture et envahit le domaine de la poésie rythmée. André Chénier eût écrit une belle pièce de vers sur ce *Vœu à l'Amour !* »

Conf. Portalis, *Honoré Fragonard, sa vie et son œuvre.*

Haut., 23 cent.; larg. 32 cent.

(*Collection Walferdin.*)

FRAGONARD

(HONORÉ)

93 — *L'Amour vainqueur.*

L'Amour, fier de ses exploits, tient à la main une flèche enrubannée. Son carquois est à terre. Au-dessus d'une guirlande de fleurs, deux colombes se rapprochent.

Ovale. Haut., 54 cent.; larg., 45 cent.

FRAGONARD

(HONORÉ)

(PENDANT AU PRÉCÉDENT)

94 — *L'Amour folie.*

L'Amour secoue les grelots de la folie. Des couples de colombes, qui se recherchent, voltigent au-dessus de sa tête ou sont posés au-dessous de lui au milieu de touffes de roses.

Ovale. Haut., 54 cent.; larg., 45 cent.

FRAGONARD

(HONORÉ)

95 — *Portrait de Mme Dubarry.*

Le portrait est d'autant plus intéressant qu'il a été fait à Louveciennes, avant les Fragonard de Grasse, au moment où la Dubarry venait de commander à l'artiste les célèbres panneaux. La Dubarry a les cheveux poudrés ; elle est coiffée d'un chapeau de paille bordé de bleu et garni d'un voile. La poitrine est découverte. La chemise a été abaissée au-dessous des seins. Le voile du chapeau, très transparent, atténue seul la nudité du modèle.

Haut., 24 cent. ; larg., 15 cent.

FRAGONARD

(HONORÉ)

96 — *Le Bac.*

Un bac s'effondre. Un carrosse introduit dans ce bac l'a fait chavirer. Une femme est repêchée par des sauveteurs. Des hommes cherchent à gagner la rive à la nage. Des embarcations se portent à leur secours. Un cavalier court, entraînant un autre cheval vers le lieu du sinistre. Sur le premier plan, une femme et un enfant font des gestes désespérés.

Composition pleine de mouvement.

Tableau d'une coloration spirituelle, comme toutes les œuvres du maître.

Haut., 36 cent.; larg., 37 cent.

GELÉE (dit le LORRAIN)

(CLAUDE)

97 — *Site d'Italie, au soleil couchant.*

Des animaux occupent le premier plan : vers la gauche, un berger assis regarde deux jeunes filles qui ont saisi une chèvre pour lui faire traverser un cours d'eau. Au second plan, de grands arbres se détachent sur un ciel chaud et lumineux. Au centre, un aqueduc en ruines. A droite, un arc de triomphe se reflètant dans les eaux transparentes. Au fond, des collines surmontées de constructions noyées dans les vapeurs dorées du soleil couchant.

Toile. Haut., 95 cent. ; larg., 1 m. 35 cent.

(Collection Secrétan.)

GREUZE

(J.-B.)

98 — *Portrait de Jeune Femme.*

Une jeune femme, qu'on serait tenté de prendre pour une vestale, est vêtue à l'antique; elle a les bras nus avec un collier de perles enroulé au-dessus du poignet, son voile est rejeté en arrière, des roses blanches retiennent ce voile dans ses cheveux. Elle tient un livre au-dessus d'une cassolette, lève les yeux au ciel et semble prononcer un vœu.

Haut., 59 cent.; larg., 48 cent.

LAJOUE

99 — *Le Jet d'eau.*

Décoration d'un parc. Architecture italienne. Terrasses, statues, parterres à la française. A gauche, près d'un vase très riche, dans un pan coupé orné de colonnes en marbre, deux femmes, vêtues comme les femmes de Watteau, se promènent suivies d'un petit chien. Un jardinier, monté sur une échelle double, est occupé à tailler les arbres.

Haut., 57 cent.; larg., 70 cent.

LANCRET

(NICOLAS)

100 — *La Ronde champêtre.*

Au milieu d'un gai paysage, des jeunes gens se livrent au plaisir de la danse, autour du mât qui leur a servi de but pour le tir à l'arc.

Un jeune garçon, vêtu d'un élégant justaucorps bleu ciel, mène joyeusement la ronde, entraînant à sa suite une ravissante jeune fille en costume rose. Le cavalier, à qui elle donne l'autre main, porte un coquet vêtement rose et blanc. Tous les autres couples suivent la ronde animée.

A gauche, près d'une paysanne tenant un enfant dans ses bras, est assis le joueur de musette qui conduit la danse.

Près de là, d'autres jeunes gens et jeunes filles attendent le moment à se livrer à leurs ébats.

A droite, deux galants offrent des fleurs à une jeune femme près de laquelle ils s'empressent et, près d'eux, une autre reçoit la déclaration de son voisin.

Des arcs et des flèches sont à terre.

Ce délicieux tableau, dans lequel on ne compte pas moins de vingt et un personnages, peut être regardé comme l'œuvre la plus complète en même temps que la plus gracieuse qui soit sortie des mains de ce maître. On y trouve réunis tout le charme et l'esprit qui caractérisent l'École française au XVIIIe siècle.

Toile. Haut., 86 cent.; larg., 1 m. 30 cent.

(Collection de M. le baron de Beurnonville.)

(Collection Febvre.)

LANCRET

(NICOLAS)

101 — *Repos de chasse.*

Au centre une figure de femme debout, vêtue d'une robe rouge et d'un gilet bleu. A droite, une autre femme assise se fait embrasser par un chien qui lui pose la patte sur l'épaule. Vêtement jaune très ample, qui laisse apercevoir sa robe bleue et ses pieds chaussés de mules. Sur le premier plan, un chien flaire un brocard mort. Le chasseur, assis, caresse un chien et tient son fusil entre ses jambes. La présence du petit nègre à gauche, devant un gentilhomme debout et l'indication des équipages qui se montrent dans le fond, laisseraient croire que le personnage principal, la femme du centre, est Mme de Pompadour.

Haut., 1 m. 12 cent.; larg., 1 m. 45 cent.

LARGILLIÈRE

(NICOLAS)

102 — *Portrait d'Homme.*

La figure est souriante, encadrée d'une perruque poudrée, le buste drapé dans une étoffe jaune à plis cassants d'un bel arrangemeut.

Haut., 78 cent.; larg., 62 cent.

MEYER

(Mlle)

103 — *La Barque.*

Allégorie. Esquisse du *Rêve du Bonheur*. Première pensée du tableau qui est au Louvre.

Haut., 23.; larg., 29 cent.

NATTIER

(J.-M.)

104 — *Portrait du duc de Chaulnes.*

Il est vu de face, la tête découverte, le cou entouré d'une cravate de batiste, le corps revêtu d'une armure sur laquelle se détache le cordon bleu de l'Ordre du Saint-Esprit.

Sous le portrait, sur une inscription blanche, sont inscrits les différents titres, emplois et charges du duc de Chaulnes. (Cette inscription transcrite sur le cadre est recouverte par celui-ci.)

Cadre en bois sculpté.

Haut., 80 cent.; larg., 71 cent.

NATTIER

(J.-M.)

105 — *Tête de Femme.*

Les cheveux relevés, légèrement poudrés sur le haut, retombent sur les épaules. Un nœud bleu entoure le cou.

Ovale. Haut., 34 cent.; larg., 30 cent.

PATER

(JEAN-BAPTISTE-JOSEPH)

106 — *L'Arrivée au camp.*

Au centre du tableau, un seigneur à cheval accompagne une dame de la cour. Près d'eux, une femme tient son enfant dans ses bras. Des soldats à pied les entourent. Dans le fond, une charrette. A gauche, les valets déchargent les bagages. La campagne s'étend au loin et partout sont dispersés des soldats et des paysans. La scène présente la plus grande animation.

Composition pleine de fantaisie et d'une couleur charmante.

Toile. Haut., 44 cent.; larg., 54 cent.

(*Collection de M. le baron de Beurnonville.*)

PATER

(JEAN-BAPTISTE-JOSEPH)

(PENDANT DU PRÉCÉDENT)

107 — *Le Campement.*

Sur un tertre, au milieu du camp, est assise une jeune femme en toilette rose. Elle se défend contre un galant agenouillé à ses pieds et penché vers elle. A gauche, deux soldats debout, l'un fumant sa pipe, l'autre le fusil sous le bras, regardent cette scène en souriant. Près d'un petit chien, un troisième soldat couché, observe. A différents plans se passent des scènes diverses : un jeune soldat tient des propos galants à une jeune femme ; une cuisine est improvisée en plein air, des tables sont environnées de buveurs.

Toile. Haut., 44 cent.; larg., 54 cent.

(*Collection de M. le baron de Beurnonville.*)

PRUD'HON

(P.)

108 — *L'Innocence préfère l'amour à la richesse.*

Un couple, formé d'une jeune femme blonde, vêtue à l'antique, et d'un jeune homme nu qui a emprunté les ailes de l'amour, dédaigne les présents que lui offre la richesse figurée par une femme coiffée à la mode grecque, vêtue d'une chlamyde et d'un peplum attaché à l'épaule ; elle tient une cassette d'où elle sort des parures. A gauche, l'amour soulève la bandoulière de son carquois, indiquant ainsi qu'il est désarmé. Au fond, un paysage qui rappelle la disposition du parc de la Malmaison.

Gravé par B. Roger.

Toile. Haut., 34 cent.; larg., 27 cent.

Collection Camille Marcille.)

Exposition Universelle de 1889.

PRUD'HON

(P.)

109 — *La Chute des Anges rebelles.*

Cette composition est divisée en deux groupes distincts : dans la partie supérieure, Dieu le Père, porté par des anges, vêtu d'une robe blanche et d'un manteau bleu qui flotte, les bras surélevés, les mains armées de la foudre : dans la partie inférieure, les anges déchus se tordent dans les convulsions du désespoir.

Signé en bas et à droite : P. Prud'hon.

Haut., 48 cent.; larg., 29 cent.

(Collection Laperlier.)

(Collection de M. le baron de Beurnonville.)

PRUD'HON

(P.)

110 — *La Vertu aux prises avec le Vice.*

Dans cette composition d'un grand charme, la vertu, sous les traits d'une jeune femme, repousse un homme au visage satyrique qui cherche à l'embrasser. A gauche, un autre personnage, ressemblant au premier, regarde en ricanant.

Cette composition a été lithographiée plusieurs fois avec variantes.

Haut., 44 cent.; larg., 36 cent.

(*Collection Boisfremont, 1864.*)

(*Collection Duchatel, 1888.*)

PRUD'HON

(P.)

111 — *Le Christ en croix.*

A gauche, la Vierge évanouie est soutenue par une sainte femme. Au pied de la croix, Madeleine est agenouillée.

Esquisse pour le tableau du Louvre.

Composition gravée en manière noire, par Reynold.

Haut., 26 cent.; larg., 15 cent.

(*Collection Laperlier.*)

(*Exposition Universelle, 1889.*)

PRUD'HON

111 *bis* — *Melpomène.*

Dessin aux deux crayons.

VERNET

(JOSEPH)

112 — *Le Pêcheur.*

Au premier plan, un pêcheur cherche à saisir avec son épuisette le poisson qui vient de mordre à sa ligne. Sur un rocher plus élevé, une jeune femme, vêtue d'une robe rouge et la gorge découverte, regarde cette scène avec intérêt. Dans le lointain, un voilier et les constructions d'un port.

Signé en bas et à gauche : J. VERNET *f.*

Cadre en bois sculpté.

Haut., 35 cent.; larg., 48 cent.

WATTEAU

(ANT.)

113 — *La Récréation champêtre.*

Dans un parc, un homme marquant la mesure d'une danse avec des castagnettes, a pour vis-à-vis une jeune femme qui s'apprête à faire une révérence. A gauche, un groupe de nombreux personnages au milieu desquels le costume blanc d'un pierrot jette une note claire. A droite, au premier plan, deux musiciens accompagnent les danseurs en jouant, l'un de la vielle, l'autre du violon. Derrière eux, des couples enlacés.

Haut., 44 cent.; larg., 54 cent.

WATTEAU

(ANT.)

114 — *La Collation.*

Un domestique, à droite, verse à boire à l'une des deux femmes qui font collation. L'autre femme semble donner un ordre à un autre serviteur debout. Une cinquième figure, celle d'un troisième serviteur placé à droite en arrière plan près d'un tronc d'arbre, range les bouteilles qui ont la forme des fiasques italiennes. L'indication du paysage dans le lointain est extraordinaire comme effet de pleine lumière.

Haut., 22 cent.; larg., 34 cent.

(*Collection Saint, 1884.*)

(*Collection de M. le baron de Beurnonville.*)

ÉCOLE FRANÇAISE

115 — *Portrait d'Homme.*

Il est vu de face, le corps drapé dans un manteau brun brodé d'or.

Haut., 25 cent.; larg., 19 cent.

ÉCOLE FRANÇAISE

116 — *Portrait de Jeune Femme, époque du XVIIe siècle.*

Peinture sur cuivre.

Ovale. Haut., 10 cent.; larg., 8 cent.

ÉCOLE FRANÇAISE

117 — *Paysage.*

Cavalier lancé au galop sur un chemin creux, à quelque distance d'un torrent. Au loin, sur un plateau, une ville dominée par une vieille tour.

Signé des initiales : A. R.

Cadre sculpté à fleurs en relief.

Bois forme ronde. Diam., 23 cent.

(Collection de M. le comte de la Béraudière, 1885.)

ÉCOLE FRANÇAISE

(PENDANT DU PRÉCÉDENT)

118 — *Paysage.*

Villageois, un bâton à la main, et petite fille assise sur un mulet, au milieu d'une route bordée de quartiers de roc.

Signé des initiales : A. R.

Cadre sculpté à fleurs en relief.

Bois forme ronde. Diam., 23 cent.

(*Collection de M. le comte de la Béraudière, 1885.*)

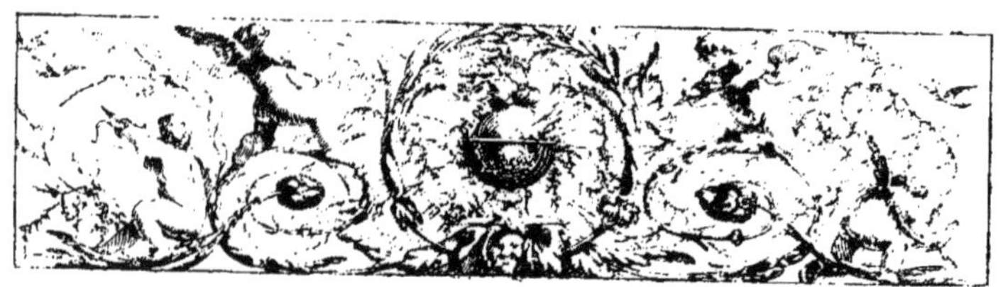

DESSINS ANCIENS

ÉCOLE FRANÇAISE

BOUCHER

(FRANÇOIS)

119 — *Vénus et l'Amour.*

Très beau dessin à la sanguine, rehaussé de pastel dans l'étoffe bleue, sur laquelle Vénus retient l'Amour qui plonge le bout du pied droit dans l'eau.

Signé en bas et à gauche : F. BOUCHER, 1748.

Haut., 41 cent.; larg., 33 cent.

BOUCHER

(FRANÇOIS)

120 — *Jeune Fille endormie.*

La tête mollement posée sur un coussin bleu, une jeune fille sommeille. Quelques fleurs ornent sa chevelure; autour du cou, un ruban rose; un voile, jeté sur les épaules, laisse sa gorge à découvert.

Pastel.

Cadre en bois sculpté.

Haut., 40 cent.; larg., 30 cent.

BOUCHER

(FRANÇOIS)

121 — *Tête de Jeune Fille.*

Elle est vue de profil à gauche, la tête légèrement renversée.

Dessin aux trois crayons légèrement rehaussé de couleurs.

Haut., 20 cent.; larg., 17 cent.

(*Collection Marmontel.*)

BOUCHER

(FRANÇOIS)

122 — *Femmes à la fontaine.*

Une femme accroupie remplit une cruche; une autre femme, derrière elle, debout, tenant un enfant dans ses bras, ayant un autre enfant à ses pieds, est à coté de sa cruche déjà remplie. Une troisième femme dans le fond, derrière un tronc d'arbre, semble attendre les deux autres.

Lavis à la sépia.

Signé en bas et à droite : F. Boucher, 1761.

Haut., 21 cent.; larg., 14 cent.

CARRIERA

(ROSALBA)

123 — *Portrait de Femme.*

Elle est vue de face, la tête ornée d'une couronne de laurier, les épaules recouvertes d'un manteau mauve, la gorge légèrement dégagée.

Pastel.

Haut., 22 cent.; larg., 17 cent.

(Collection Marmontel.)

CHARDIN

124 — *Tête de Vieille Femme.*

Une femme, coiffée d'un bonnet blanc tuyauté, vient de terminer ou d'interrompre une lecture dans un livre ouvert que sa main retient, en même temps que son binocle passé dans le petit doigt.

Pastel.

Haut., 55 cent.; larg., 48 cent.

COCHIN

(C.-N.)

125 — *Portrait d'Homme.*

Il est vu de profil à droite, la tête découverte, la chevelure bouclée.

Dessin à la mine de plomb, légèrement rehaussé de sanguine.

Signé : C. N. Cochin filius, delin. 1763.

Rond. Diam., 10 cent.

COCHIN

(C.-N.)

(PENDANT DU PRÉCÉDENT)

126 — *Portrait de Femme.*

Elle est vue de profil à gauche, la tête coiffée d'une cornette.

On lit au dos : Marie-Angélique Guéron, femme de Charles-Antoine Jombert.

Dessin à la mine de plomb, légèrement rehaussé de sanguine.

Signé : C. N. Cochin filius, delin. 1763.

Rond. Diam., 10 cent.

EISEN

(CHARLES)

127 — *Deux Enfants, en buste.*

L'un a la joue appuyée contre ses deux mains posées sur une cage.

Dessin à l'encre de Chine sur trait de plume.

Gravé par Louise Gaillard.

Haut., 11 cent.; larg., 19 cent.

Collection de Goncourt.

GELÉE (dit le Lorrain)

(CLAUDE)

128 — *Paysage au bord de la mer.*

Au premier plan, un berger cause avec une femme: derrière eux, des moutons sont couchés, des vaches boivent à un ruisseau qui passe sous un viaduc et va se jeter à la mer. A gauche, un massif d'arbres. Dans le lointain, les voiles de quelques navires.

Dessin.

Haut., 20 cent.; larg., 25 cent.

LAGNEAU OU LANNEAU

129 — *Portrait d'Homme.*

Tête de vieillard, dessin aux trois crayons. L'intensité de vie de ce portrait en fait une véritable merveille. L'homme est coiffé d'une calotte noire, une fraise blanche encadre le bas de son visage. Il est vêtu d'une houppelande à revêtements de fourrure. Les plans de la figure sont établis avec une sûreté de main qui témoigne chez l'artiste d'une extraordinaire sûreté de l'œil.

Haut., 43 cent.; larg., 28 cent.

(Collection Geoffroy Dechaume.)

LAGNEAU OU LANNEAU

130 — *Portrait d'homme.*

Il est représenté tête nue, les cheveux frisés, le visage encadré de barbe.

Dessin à la mine de plomb.

En bas et à droite, cachet de collection.

Haut., 20 cent.; larg., 13 cent.

(Collection Marmontel.)

LOO

(CARLE VAN)

131 — *Portrait de Mme Favart.*

En costume de bergère, dans un paysage ; au fond, des vaches et des moutons. A droite, un hameau ; à gauche, un bouquet d'arbres.

On lit au bas du dessin :

L'Amour, sentant un jour l'impuissance de l'Art,
De Bastienne emprunta le nom et la figure
Simple, tendre, suivant pas à pas la nature
Et semblant ne devoir ses talens qu'au hazard :
On démêlait pourtant la mine d'une espiègle
Qui fait des tours, se cache afin d'en rire à part,
Qui séduit la raison et qui la prend pour règle ;
Vous voyez son portrait sous le nom de Favart.

D. V.

Ce beau dessin, aux crayons noir, bleu et rouge, a été gravé par J. Daullé, en 1754.

Cadre Louis XVI, en bois sculpté et doré, à guirlandes de laurier et couronné d'un médaillon au chiffre F. D. Favart-Duronceray[1], encadré de divers attributs.

Signé en bas, à droite : Carle Van Loo.

Haut., 46 cent. ; larg., 32 cent.

(*Collection de M. le comte de La Béraudière.*)

MOREAU

(LOUIS)

132 — *Les Lavandières.*

Sur le bord d'une rivière qui se perd dans le lointain, deux femmes agenouillées lavent du linge. Une autre femme debout, près d'elles. A gauche, sur le bord escarpé de la rivière, une tour en ruines. A droite, un pêcheur s'avance dans l'eau. Dans le lointain, quelques maisons dans un paysage montagneux.

Gouache.

Signée en bas et à gauche : L. Moreau, 1774.

Haut., 18 cent.; larg., 25 cent.

MOUCHERON

(J.)

133 — *Paysage.*

A gauche, à l'ombre de grands arbres, un homme, assis sur un tertre, cause avec une femme qui passe suivie d'un chien. Vers la droite, une autre femme est assise. Dans le lointain, une ville et des montagnes escarpées.

Dessin à la mine de plomb, rehaussé d'aquarelle.

Signé en bas et à gauche : J. Moucheron *fecit.*

Haut., 22 cent.; larg., 33 cent.

NATTIER

(J.-M.)

134 — *Mlle Baron et sa mère.*

Charmant dessin.

Crayon noir et sanguine.

En bas et à droite : cachet de collection.

On lit en bas et à gauche : Mlle BARON ET SA MÈRE

Haut., 21 cent.; larg., 31 cent.

(*Collection de M. le comte H. de Choiseul.*)

NILSON

125 — Les Quatre Saisons :

Le Printemps.

Un gentilhomme couronné par une dame que l'Amour conseille en la poussant du coude. Sur le second plan, un couple se retire, portant une branche de laurier. En haut, au milieu de l'encadrement, des amours préparent de nouvelles fleurs pour le renouveau du printemps.

En bas et à droite : Inventé par J. E. N. en 1745.

Haut., 31 cent.; larg., 42 cent.

L'Été.

Pendant les chaleurs de l'Été, une femme s'abrite sous un parasol. Son cavalier lui offre des rafraîchissements, pendant que sa lectrice se prépare à lui faire une lecture. Un musicien joue de la harpe. Dans l'encadrement, la tête rayonnante de Phœbus. Phœbé attend accoudée sur un nuage.

En bas et à gauche, on lit : Inventé et dessiné par Jean Esaïe Nilson en 1745.

Haut., 31 cent.; larg., 42 cent.

L'Automne.

Une gavotte au lendemain des vendanges. Le danseur et la danseuse font face au spectateur. Le musicien armé de sa guitare est vu de dos. Derrière la barrique, qui a reçu le vin récolté, un couple se tient enlacé. La femme tient un triangle. l'homme marque la mesure sur ce triangle. Dans l'encadrement, les bustes de Bacchus et de Pomone. Un amour tend la corde de son arc et dirige sa flèche vers la danseuse.

En bas et à gauche, on lit : Inventé et dessiné par Jean Esaïe Nilson en 1746.

Haut., 31 cent., larg., 42 cent.

L'Hiver.

Deux cavaliers sont reçus par deux femmes; l'un offre, à l'une, un collier de perles; l'autre, assis comme sa compagne, près d'une table de style Louis XV, lui présente un masque en lui pressant la main. Dans l'encadrement, un amour semble réfléchir : un autre, coiffé d'un chapeau grimé, tient à la main un flambeau.

En bas et à gauche, on lit : « Inv. et des. par J. E. Nilson. »

A droite, à Auguste, en 1746.

Haut., 31 cent.; larg., 42 cent.

PRUD'HON

(P.-P.)

136 — *L'Amour enchaîné.*

L'Amour, enchaîné au pied de la statue de Minerve, implore le secours d'une jeune femme, qui rit des vains efforts qu'il fait pour se détacher.

Beau dessin.

Signé en bas et à droite : PRUD'HON.

Haut., 25 cent.; larg., 33 cent.

(*Collection de M. le baron Roger.*)

PRUD'HON

(P.-P.)

137 — *Entrevue de l'Empereur Napoléon et de l'Empereur d'Autriche aux avant-postes, après Austerlitz.*

Dessin au crayon noir rehaussé de blanc sur papier bleu.

Haut., 20 cent.; larg., 27 cent.

(*Collection Sensier.*)

(*Collection Binder.*)

(*Collection Marmontel.*)

(*Exposition Universelle de 1889.*)

PRUD'HON

(P.-P.)

138 — *La Chasteté de Joseph.*

Joseph cherche à s'échapper des bras de Mme Putiphar, qui veut l'attirer sur le lit sur lequel elle est assise.

Œuvre remarquable du maître.

Dessin au crayon noir rehaussé d'encre et teinté de gouache.

Haut., 37 cent.; larg., 29 cent.

(*Exposition Universelle de 1889.*)

PRUD'HON

(P.-P.)

139 — *Tête de satyre.*

Il est vu de trois quarts à gauche.

Dessin à la plume.

Haut., 9 cent. 1/2 ; larg., 9 cent. 1/2.

(*Collection Marmontel.*)

SAINT-AUBIN

(GABRIEL DE)

140 — *Allégorie.*

Un génie ailé, à la main une trompette de Renommée, montrant un portrait lauré, et repoussant du pied l'Envie et la Haine.

Dessin lavé de bistre sur papier bleu rehaussé d'aquarelle et de gouache.

Signé en bas et à gauche : GABRIEL DE S. AUBIN F[T]

On lit au-dessous : POVR LE PRINCE DE LA PAIX.

(*Collection Peltier.*)

(*Exposition de l'École des Beaux-Arts de 1879 nº 598.*)

(*Collection de Goncourt.*)

SAINT-AUBIN

(GABRIEL DE)

141 — *La Saisie par huissier.*

Dans un appartement somptueusement meublé, un huissier, assis à une table, inventorie, aidé de son clerc. Derrière eux, une garde française l'arme au bras. Près de la fenêtre, le maître du logis, en toilette matinale, regarde un exempt qui fouille dans un secrétaire et tient une boîte à la main.

Dessin à la plume rehaussé de sépia.

Haut., 24 cent.; larg., 19 cent.

(*Collection Marmontel, 1883.*)

SAINT-AUBIN

(AUG. DE)

142 — *Le Duc d'Angoulême.*

Le duc d'Angoulême enfant est présenté par une femme à son père, assis dans un fauteuil.

On lit : « Pour le duc d'Angoulême, né le 6 août 1775.

Dessin à la plume et au crayon noir.

Signé en haut, à gauche : A. DE S.-A., 1776.

Haut., 15 cent.; larg., 10 cent.

VIGÉE-LEBRUN

(Mme)

143 — *Portrait de sa Fille.*

Elle est vue en buste, les cheveux courts. Elle est vêtue d'une robe blanche.

Pastel.

Ovale. Haut., 45 cent.; larg., 37 cent.

Provient de la succession de Mme Tripier-Lefranc, née Vigée-Lebrun.

WATTEAU

(ANT.)

144 — *Trois Têtes de Femmes.*

Étude.

Crayon noir et sanguine.

En bas et à gauche: cachet de collection.

Haut., 18 cent.; larg., 16 cent.

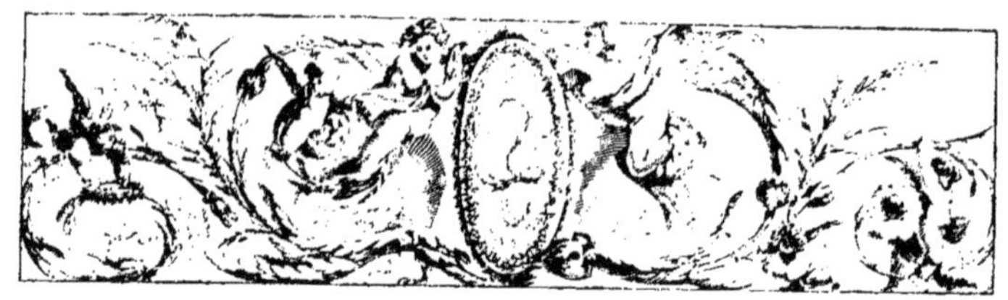

TABLEAUX ANCIENS

DIVERSES ÉCOLES

AVERCAMP

(HENRI VAN)

145 — *L'Hiver en Hollande.*

Au premier plan, une rivière glacée et de nombreux patineurs ; plus loin, des bateaux amarrés au rivage et pris par la glace.

A gauche, quelques maisons.

Vers le fond, un moulin et une ville hollandaise, avec tour et fortification.

Tableau de forme ronde.

Bois. Diam., 30 cent.

(*Collection Rothan.*)

BERKHEYDE

(GERRIT)

148 — *Le Dam à Amsterdam.*

La façade de l'Hôtel de Ville et son campanile se dressent au fond de la place animée par un grand nombre de figures.

A droite, autour d'un petit monument décoré d'armoiries, des commerçants s'occupent d'affaires ; ils sont entourés de marchandises, de chevaux et de traîneaux chargés de tonneaux de bière. En avant, plusieurs marchandes de fruits sont arrêtées près de leurs voitures. Un enfant joue avec un chien, un colporteur roule une brouette chargée d'une malle. Un gentilhomme se promène avec sa famille ; plus loin, un groupe de personnages d'Orient et d'autres personnages se promènent aussi.

A différents plans, deux cavaliers, des enfants jouant au cerceau et sous les arcades du monument d'autres figures.

Autour de la place, la cathédrale et les rues aboutissant sur le Dam.

Importante composition d'une tonalité claire.

Signé en bas et à gauche : GERRIT BERKHEYDE, 1691.

Haut., 68 cent.; larg., 91 cent.

(Collection de M. le comte Potocki.)

BERKHEYDE

GERRIT

147 — *Le Dam à La Haye.*

Au centre de la place, quatre bourgeois causent ensemble.

A gauche, deux autres bourgeois suivis d'un chien viennent à eux.

A droite, un enfant excite deux chiens à courir en lançant des pierres. Dans le fond, la perspective d'une rue bordée de boutiques. Au fond, la silhouette d'un monument à colonnes.

A gauche, de hautes maisons en briques rouges projettent de grandes ombres sur la place.

Signé en bas et à gauche : Gerrit Berkheyde, 1693.

Haut., 53 cent.; larg., 63 cent.

BLAREMBERGHE

VAN

148 — *Le Bac.*

A droite, un bac dans lequel cinq personnages sont déjà installés. Un seigneur offre la main à une dame pour y monter. A gauche, une embarcation, recouverte d'une bâche qui abrite de nombreux personnages. Sur la rive, un homme se dispose à amarrer la barque. Derrière lui, un couple salue un des passagers qui répond gracieusement. Un peu plus loin, dans une guinguette, de nombreux personnages dansent, chantent et s'embrassent. L'horizon est borné par de hautes collines, au pied desquelles serpente une rivière sillonnée de bateaux.

Haut., 42 cent.; larg., 55 cent.

BELLOTTO DIT CANALETTO

149 — *Vue de l'Arno à Florence.*

Dans une barque, sur le premier plan, des enfants se déshabillent pour se baigner. A droite, des femmes lavent du linge au pied d'un escalier donnant accès su le quai. Au fond, un pont surmonté de constructions. A gauche, des maisons bordent le fleuve. A droite, un ensemble pittoresque de maisons que surmonte un campanile.

Tableau d'une grande lumière et d'une grande finesse d'exécution.

Haut., 50 cent.; larg., 75 cent.

BELLOTTO DIT CANALETTO

(PENDANT DU PRÉCÉDENT)

150 — *Vue de Florence.*

Près d'un barrage du fleuve, dont les eaux basses laissent à découvert une grande partie de la berge, des pêcheurs dans des barques. Sur le terrain abandonné par l'eau, des charrettes attelees et des femmes étendant du linge. A gauche, la roue d'un moulin et, plus loin, trois ponts. A droite, des maisons et l'Église del Carmine bordent le quai. Quelques habitations sur la crête des collines qui bornent l'horizon.

Tableau plein d'air et de lumière.

Haut., 50 cent.; larg., 75 cent.

BELLOTTO DIT CANALETTO

151 — *L'Église catholique de la Cour de Dresde.*

De nombreux personnages animent le pont Auguste et la place devant l'Église. A droite, et au second plan, le faubourg Neustadt, le palais Japonais et l'horizon borné par des collines.

Très belle composition et des plus intéressante.

Haut., 95 cent.; larg., 1 m. 24 cent.

BELLOTTO DIT CANALETTO

(PENDANT DU PRÉCÉDENT)

152 — *Vue de Dresde, avec les anciens bastions.*

Dans le lointain, on voit les clochers de l'Église catholique. Le long des bastions, une douve bordée de palissades en planches. La lumière est jetée, selon l'habitude du peintre, sur le second plan. Elle est d'une grande intensité. Les premiers plans sont baignés d'une ombre transparente qui permet de saisir les moindres détails. A gauche, des maçons sont occupés à leur travail; près d'un obélisque, une femme assise; plus loin, un homme empile du bois.

Haut., 95 cent.; larg., 1 m. 24 cent.

CARLO DOLCI

153 — *Christ.*

Il est vu de face, la tête couronnée d'épines. A gauche, on aperçoit une partie de la croix.

Haut., 49 cent.; larg., 39 cent.

CODDE

(PIERRE)

154 — *Société espagnole.*

Tableau représentant une réunion de cavaliers et de femmes espagnoles. Une trentaine de personnages. Deux sont debout sur le premier plan. Quinze sont assis à une table, servis par des valets qui font rafraîchir des boissons. La pièce de résistance, un paon dressé et rôti, n'est pas encore servie. Les propos semblent cependant déjà tendres entre les convives. Au fond, à droite, un gentilhomme lit, à des femmes qui rient aux larmes ou qui font mine de se cacher derrière leurs mouchoirs, une histoire égrillarde.

Haut., 65 cent.; larg., 80 cent.

CUYP

(JACOB-GERRITZ)

155 — *Portrait d'un Jeune Homme et de sa Mère.*

Ils sont tous deux vus de trois quarts à droite et vêtus de noir. L'homme, coiffé d'un chapeau de feutre et le cou entouré d'une fraise, porte la moustache et la barbiche blondes. La femme est coiffée d'un bonnet de dentelles laissant voir, sur le front, la naissance des cheveux châtains. Son cou légèrement dégagé est entouré d'une fraise.

Haut., 62 cent.; larg., 73 cent.

DAEL

(J.-F. VAN)

156 — *Fleurs.*

Par terre, des fleurs dans des corbeilles et un autre bouquet sur une colonne. A droite, un tambour et un hautbois.

Haut., 45 cent.; larg., 34 cent.

DUCQ

(JEAN LE)

157 — *Intérieur de cabaret.*

A gauche, une jeune femme à la riche toilette, les cartes à la main, montre son jeu à un homme placé derrière elle, tandis que son partenaire, coiffé d'un grand feutre, attend patiemment. Autour de la table, sur laquelle d'autres joueurs ont laissé en désordre un jeu de tric-trac, un fumeur dont l'attention est attirée ailleurs et une autre dame qui s'intéresse aux joueurs. Au fond, dans l'embrasure d'une porte, une servante regarde cette scène en souriant. A droite, une femme, en partie cachée par un drapeau à l'étoffe chatoyante, montre un bracelet de perles qu'elle tient ouvert à la main. Dans le fond, deux autres joueurs de cartes se servent d'un tambour pour table, et causent avec un personnage debout.

Haut., 45 cent.; larg., 60 cent.

FYT

(JEAN)

158 — *Nature morte.*

Au milieu de branches de houx, une perdrix sur le dos, dont le plumage gris fait opposition au plumage coloré de deux martins-pêcheurs.

Tableau d'une grande finesse d'exécution.

Signé en bas et à gauche.

Haut., 40 cent.; larg., 58 cent.

GELDER

(A. VAN)

159 — *Le Cadeau récompensé.*

Un homme, revêtu d'un riche costume oriental, offre une coupe à une femme qui l'attire vers elle en tendant ses lèvres vers les lèvres de l'homme qui paraît épris de sa beauté. Le type de l'homme, souriant dans sa barbe et le front couronné d'un turban, est séduisant, moins vulgaire que celui de la femme.

Peinture d'une chaude harmonie de couleurs.

Composition d'un dessin remarquable.

Haut., 88 cent.; larg., 88 cent.

GOYEN

(VAN)

160 — *L'Abreuvoir.*

Au premier plan, un cours d'eau dans lequel des vaches se désaltèrent. A gauche, sur un tertre, un moulin à vent. Dans le fond, un village et son église. Quelques figures animent ce paysage.

Signé en bas : V. GOYEN, 1645.

Haut., 38 cent.; larg., 48 cent.

GOYEN

(VAN)

161 — *L'Auberge.*

L'auberge est au second plan, encadrée d'arbres se dessinant dans le moindre détail de leur feuillage très étudié sur un ciel gris. Des cavaliers paraissent attendre que les chevaux attelés à un coche aient achevé de manger l'avoine qui leur est servie dans un baquet. Sur le premier plan, un char à bancs stationne. Les chevaux mangent. Un des personnages monté sur le char désigne la route à suivre.

Haut., 21 cent.; larg., 29 cent.

GOYEN

(VAN)

162 — *Pêcheurs sur une rivière.*

Sur une rivière, trois hommes dans une barque tirent un épervier. A droite, sur la rive, un homme les regarde. A gauche, quelques maisons bordent la rive. Un moulin à vent se profile au-dessus d'elles. Dans le lointain, quelques maisons encore et l'église du village.

Haut., 20 cent.; larg., 28 cent.

GUARDI

(F.)

163 — *La Visite des ruines.*

Au premier plan, trois personnages, guidés par un seigneur au vêtement bleu, visitent les ruines d'un palais abandonné. A gauche, dans le lointain, on aperçoit la mer avec quelques barques.

Haut., 87 cent.; larg., 67 cent.

GUARDI

(F.)

164 — *La Forêt.*

Un pont, une rivière, une tour en ruines, des arbres à droite et à gauche du tableau qui se détachent sous le ciel. Au premier plan, deux personnages. Plus loin, sur la grève, d'autres figures.

Petit tableau d'une merveilleuse finesse.

Haut., 9 cent.; larg., 12 cent.

HERP

(GÉRARD VAN)

165 — *La Visitation.*

La Vierge rend visite à sa cousine Élisabeth qui vient au devant d'elle. A droite, saint Joseph tient l'âne qui lui a servi de monture. Dans le ciel, des chérubins.

Les personnages sont vêtus à la mode de l'époque du peintre.

Haut., 80 cent.; larg., 1 m. 15 cent.

HERP

(GÉRARD VAN)

(PENDANT DU PRÉCÉDENT)

166 — *La Justice de Dieu.*

Par un miracle, le fils assassiné sort de son tombeau pour défendre son père injustement accusé de ce meurtre et traîné pour ce fait au pied d'un tribunal. Le vieillard est agenouillé devant son juge. L'assistance est saisie d'étonnement par cette apparition.

Haut., 80 cent.; larg. 1 m. 10 cent.

HOLBEIN

(HANS)

167 — *Portrait du cardinal Fischer, martyrisé pour la foi catholique sous Henri VIII, roi d'Angleterre.*

L'homme a les mains croisées. Coiffé d'une toque noire placée sur une calotte rouge, d'où s'échappent des touffes de cheveux gris. La houppelande est garnie d'une fourrure foncée, très large. Le pourpoint a également une mince bordure de fourrure près du cou. Les plis des manches sont très étudiés.

Ce qui est particulièrement remarquable dans ce portrait d'Holbein, c'est la limpidité du fond et la transparence des ombres du visage.

Haut., 43 cent.; larg., 32 cent.

(*Exposition des Alsaciens-Lorrains, 1874. — N° 849 du catalogue.*)

HOLBEIN

(SIGISMOND)

168 — *Portrait de Jeune Homme.*

Tourné à droite et de trois quarts. Il est blond, a les cheveux courts, une moustache légère et la barbe naissante. Il est coiffé d'un béret noir et est habillé d'un pourpoint et d'un surtout également noirs. Il tient de la main droite une lettre et, de la main gauche, un gant.

Sur le fond vert, on lit l'inscription : *Anno 1538, ætatis suæ 25.*

Bois cintré du haut. Haut., 25 cent.; larg., 27 cent.

(*Collection de M. le baron de Beurnonville.*)

HOLBEIN

(SIGISMOND)

(PENDANT DU PRÉCÉDENT)

169 — *Portrait de Jeune Femme.*

Elle est tournée vers la gauche, de trois quarts. Ses cheveux nattés sont relevés sur une cornette brodée d'or. Elle est vêtue d'une robe de soie noire à bouffants aux épaules, et à manche de soie rouge du coude au poignet. Ceinture d'or à mailles de chaîne avec agrafe en rosace. Elle tient une fleur de la main droite; sa main gauche est posée sur un mur d'appui.

On lit sur le fond : *Anno 1538, ætatis suæ 20.*

Bois cintré du haut. Haut., 37 cent.; larg., 27 cent.

(*Collection du chevalier Saint-Rémy.*)

(*Collection de M. Szarvady.*)

(*Collection de M. le baron de Beurnonville.*)

KEYSER

(THÉODORE DE)

170 — *Portrait d'Homme.*

Il est coiffé d'un chapeau de feutre noir et vêtu d'un pourpoint noir à collerette blanche. Son visage est encadré d'une barbe châtain clair.

Peinture sur cuivre.

Haut., 12 cent.; larg., 10 cent.

KEISER

(Attribué à THÉODORE DE)

171 — *Portrait de Jeune Homme.*

Il est vu en pied et de face; dans sa main droite, appuyée sur un fût de colonne, son chapeau; le poing gauche sur la hanche.

Haut., 49 cent.; larg., 34 cent.

(*Collection Portaëls.*)

LAWRENCE

172 — *Le Duc de Richelieu.*

Il est représenté de trois quarts à gauche, la tête découverte. Sous son vêtement fermé, on aperçoit le cordon bleu de l'ordre du Saint-Esprit, dont il porte la plaque sur la poitrine.

Tableau d'une grande finesse de tons et d'une coloration blonde d'un grand charme.

Haut., 29 cent.; larg., 20 cent.

MEULEN

(VAN DER)

173 — *La Rencontre.*

Un carosse, renfermant deux personnages, et attelé de six chevaux, s'arrête sur le bord d'une rivière. Deux cavaliers viennent saluer les deux personnages. Une suite de voitures dévale par le chemin qu'a suivi ce carosse et qui domine le premier plan. Le paysage, les arbres sont bien traités.

Haut., 55 cent.; larg., 70 cent.

METZU

174 — *Portrait d'une Femme peintre.*

Elle est assise devant un chevalet, tient de la main droite un pinceau, de la gauche une palette, et semble se tourner vers son modèle.

Bois. Haut., 13 cent.; larg., 11 cent.

MOLENAER

(P.)

175 — *Scène galante.*

Au premier plan, un homme lutine une femme qui le repousse en riant. Dans la lutte, des cartes, un gobelet, une pipe, une cruche en grès tombent de la table. De son pied, la femme a renversé une chaufferette et un pot à feu; un chien aboie. Au second plan, une femme et trois hommes assistent à cette scène en riant. Du dehors, trois femmes regardent par la fenêtre.

Signé sous la fenêtre : MOLENAER, 1644.

Haut., 42 cent.; larg., 32 cent.

(*Collection Brondgeest.*)

OSTADE

(ADRIEN VAN)

176 — *La Chanson à boire.*

Trois personnages autour d'une table basse écoutent un paysan qui chante le verre en main. Il est accompagné sur le violon par un quatrième compagnon. A gauche, au second plan, un enfant regarde dans une armoire. Au fond, un escalier; à droite, un lit. Près du chanteur, un chien est couché au pied d'un escabeau supportant une cruche. La scène se passe dans un intérieur de campagne où la lumière pénètre par une vaste fenêtre, et y répand une coloration transparente et dorée.

Haut., 27 cent.; larg., 35 cent.

(*Collection Corsham-House.*)

(*Collection de M. le baron Bournonville.*)

OSTADE

(ADRIEN VAN)

177 — *Le Joueur de vielle.*

Un joueur de vielle arrêté devant une échoppe, sous l'auvent de laquelle apparaissent un homme et une femme qui paraissent ravis de ce concert imprévu. Un dilettante est assis devant l'échoppe. Il écoute attentivement. Des enfants au nombre de cinq entourent le joueur de vielle.

Haut., 29 cent.; larg., 25 cent.

PLATZER

(J.)

178 — *L'Arrivée du Seigneur.*

Tableau très mouvementé. Dans un paysage d'une grande ampleur, l'armée du seigneur se déroule, revenant évidemment victorieuse de quelque campagne. Les femmes viennent au-devant des lansquenets dont quelques-uns traînent péniblement la jambe.

Tout dans ce tableau est traité avec esprit et la consciencieuse reproduction des costumes, des équipages en font un document du plus haut intérêt.

Haut., 30 cent.; larg., 42 cent.

POEL

(E. VAN DER)

179 — *L'Alchimiste.*

L'alchimiste, devant son fourneau, surveille ce qui se produit dans une cornue qui déverse dans un récipient placé sur un escabeau. L'homme est vêtu d'un pourpoint et d'une culotte à crevés, coiffé d'une toque à pans découpés; ses haut-de-chausses sont blancs. Dans la pièce où il opère, un chien couché près d'une table où est au milieu de divers objets une mappemonde. Au plafond, un crocodile empaillé. Sur l'un des murs, une guitare.

Signé en bas et à droite : E. Van der Poel.

Haut., 26 cent.; larg., 22 cent.

REMBRANDT (?)

(VAN RYN)

180 — *Portrait de Vieille Femme.*

La femme, assise près d'une table sur laquelle est une cruche, a les mains jointes. Elle est coiffée d'une capeline blanche, porte autour du cou un fichu blanc. Sa camisole est rouge.

Le tableau est clair, peu empâté, d'un grand intérêt au point de vue de la facture.

Signé en bas et à droite : REMBRANDT. 1656.

Haut., 88 cent.; larg., 74 cent.

REYNOLDS

(SIR J.)

181 — *Mrs Bower.*

Elle est représentée vue de face, la tête ornée d'une mantille en tulle brodée d'or que tire un perroquet posé sur sa main gauche. Autour du cou, un collier de perles. Costume d'une grande richesse, à manches aérées retenues par des agraffes et émeraudes à pendant de perles.

Haut., 74 cent.; larg., 62 cent.

REYNOLDS

(SIR J.)

182 — *Portrait d'Homme.*

Il est vu de trois quarts à droite, la tête nue. Une cravate de batiste autour du cou. Vêtement noir.

Ovale. Haut., 72 cent.; larg., 58 cent.

RUBENS

(P.-P.)

183 — *Portrait d'Homme.*

Il est vu de trois quarts à droite, la tête nue, les cheveux grisonnants, le menton terminé par une barbiche, le cou entouré d'une fraise. Le vêtement noir est brodé et orné de quatre boutons en or.

Haut., 58 cent.; larg., 45 cent.

RUYSDAEL

(JACOB VAN)

184 — *Le Hêtre.*

Au premier plan, une rivière bordée d'herbes marécageuses, dans l'eau noirâtre de laquelle se reflète un hêtre à l'écorce grise. Derrière, s'étend une forêt. A gauche, la rivière longe les berges boisées et serpente au loin au pied des collines qui vont se perdre à l'horizon. Le ciel orageux reçoit les derniers reflets du soleil couchant.

Signé en bas et à droite : RUYSDAEL.

Haut., 54 cent.; larg., 66 cent.

(*Collection de M. le baron de Beurnonville.*)

TENIERS

(DAVID)

185 — *Le Fumeur.*

Un fumeur, assis sur un baquet renversé, allume sa pipe à une chaufferette. Sur un tonneau debout, une cruche, un verre en forme de flûte et une assiette blanche. Au second plan, un homme, tournant le dos au spectateur, tient un balai en main. Par une porte ouverte, on aperçoit dans la pièce voisine un groupe de trois personnes : un homme assis, la tête appuyée contre le montant de la cheminée : debout, près de lui, un autre homme regardant le feu qui brille dans l'âtre et une femme qui semble leur causer.

Signé : D. TENIERS.

Haut., 24 cent.; larg., 33 cent.

(*Collection de M. le comte de Bus.*)

(*Collection Crabbe.*)

TENIERS

(DAVID)

186 — *Portrait d'Homme.*

L'homme a les cheveux longs. Une moustache, peu fournie et relevée, laisse voir le dessin de la lèvre supérieure. Col blanc orné de dentelles largement rabattu. Manteau et pourpoint noirs. Seule la main gauche est visible. Elle est gantée d'un gant à crispin.

On lit à gauche : ÆT, 34, 1645.

Signé en haut et à gauche : D. TENIERS F.

Haut., 21 cent.; larg., 16 cent.

TENIERS

(DAVID)

187 — *La Tentation de saint Antoine.*

Saint Antoine assis dans sa cellule est tenté par une vieille femme qui lui amène une jeune personne portant un verre de vin. Autour de lui, des apparitions diaboliques sous la forme d'animaux, de squelettes, de mastodontes, de joueurs de cornemuses. Le cochon de saint Antoine s'est lui-même déguisé pour la circonstance. En dehors de la cellule, un paysage où la vie champêtre est figurée par des troupeaux et des parterres, dont la tranquillité contraste avec le mouvement endiablé qui se produit autour de saint Antoine.

Haut., 55 cent.; larg., 70 cent.

(*Cabinet de la reine d'Espagne.*)

VERMEER (DE DELFT)

(J.-R.)

188 — *Coin de ville hollandaise.*

C'est la perspective d'une impasse aboutissant à la porte latérale d'une église. De chaque côté s'alignent les façades rouges de hautes maisons, aux fenêtres garnies de petits vitraux, et aux toits pointus couverts de tuiles. Un marguillier sort de l'église. Un homme, le panier au bras, et une femme en corsage rouge et fichu blanc, se sont arrêtés pour causer devant la boutique du barbier. Une paysanne, en bonnet et tablier blanc, est accotée contre un auvent qui se profile en vigueur sur le crépi d'un pan de mur ensoleillé.

Haut., 49 cent.; larg., 42 cent.

WEYDEN DIT ROGER DE BRUGES

(ROGER VAN DER)

189 — *Mater Dolorosa.*

Elle est revêtue d'un costume aux broderies d'or, enrichi de pierreries, la tête inclinée sur ses mains jointes et le visage baigné de larmes. A droite, sur une élévation, on voit le calvaire surmonté de ses trois croix, entourées de nombreux soldats et Longinus armé d'une lance qui perce le flanc du Christ. A gauche, dans le lointain, trois figures animent le paysage.

Haut., 1 m. 14 cent.; larg., 74 cent.

(*Cabinet de la reine d'Espagne.*)

WOUWERMAN

(PHILIPPE)

190 — *Le Marché aux chevaux.*

Composition riche et animée, avec groupe à pied et à cheval; des maquignons, des paysans, une belle rangée de chevaux à vendre.

W. Burger.

A droite, des baraques sous de grands arbres; au fond, des tentes pavoisées.

Tableau d'une belle coloration.

Toile. Haut., 60 cent.; larg., 73 cent.

(Collection Rhoné, 1854.)

(Collection Péreire.)

(Collection de M. le baron de Beurnonville.)

WYNANTS ET VAN DE VELDE

(JEAN)

191 — *Le Retour de la chasse.*

Dans un paysage sinueux, sur une route bordée à gauche par une palissade en bois, un seigneur, monté sur son cheval blanc, cause à un valet à pied qui porte les faucons; des chiens les suivent et les précèdent.

Les figures d'une grande finesse sont dues au pinceau d'Adrien Van de Velde.

Haut., 29 cent.; larg., 38 cent.

WYNANTS ET VAN DE VELDE

(JEAN)

192 — *Paysage.*

Au premier plan et à droite, le tronc noueux d'un arbre mort, autour duquel poussent des chardons et des coquelicots; derrière, la forêt. A gauche, un gentilhomme part pour la chasse avec ses trois chiens: deux bûcherons, l'homme et la femme, le regardent passer. Dans le lointain, une demeure seigneuriale.

Les figures sont dues au pinceau de Van de Velde.

Signé en bas et à droite : J. Wynants.

Haut., 54 cent.; larg., 68 cent.

ÉCOLE ALLEMANDE

193 — *Le Crucifiement.*

Jésus-Christ reçoit le coup de lance; un ange recueille le sang dans un calice; un autre ange, au pied de la croix, recueille également le sang qui s'échappe de la blessure faite par le clou qui réunit les deux pieds; un troisième et un quatrième ange remplissent le même office à chacune des mains du Christ. Les saintes femmes sont placées au premier plan, à gauche, entre le Christ et le bon larron flagellé par un bourreau et assisté par un ange, tandis que le mauvais larron, à droite, également flagellé, devient la proie du diable. Dans le fond, la ville de Jérusalem, avec un crieur au dernier étage de la coupole du temple qui rappelle les muezzins des mosquées musulmanes. La vie du Christ est représentée, à très petite échelle, dans le fond du tableau : l'Entrée à Jérusalem; la Tentation sur la montagne; le Repas avec les apôtres.

Panneau des plus remarquables, d'un grand caractère et dans lequel les types hommes et femmes sont empruntés à la race germanique.

Tableau de l'École des primitifs de Cologne.

Haut., 1 m. 30 cent.; larg., 2 mètres.

ÉCOLE ANGLAISE

194 — *Portrait de Jeune Femme.*

Elle est vue de trois quarts à droite, les cheveux légèrement poudrés, la gorge un peu dégagée, un manteau noir sur les épaules.

Ovale. Haut., 65 cent.; larg., 50 cent.

ÉCOLE FLAMANDE

195 — *Mère et son enfant.*

Une grande dame tient son enfant assis sur ses genoux.

Peinture sur cuivre.

Haut., 10 cent., larg., 7 cent.

ÉCOLE FLAMANDE

196 — *Nature morte.*

Sur une table, cinq pêches placées sur des feuilles. A droite, une grappe de raisin noir et, à gauche, un raisin blanc.

En bas et à gauche, on lit la signature : P. V. D., 1649.

Haut., 44 cent.; larg., 54 cent.

ÉCOLE HOLLANDAISE

197 — *Marine.*

Quatre hommes mettent une barque à flot.

A droite, un homme traîne un rouleau pour venir en aide à ses camarades. A gauche, une embarcation hisse ses voiles et s'apprête à partir. Au second plan, un navire de guerre tire un coup de canon. A l'horizon, plusieurs barques.

Haut., 58 cent.; larg., 72 cent.

ÉCOLE ITALIENNE

198 — *La Vierge et l'Enfant Jésus.*

La Vierge retient l'Enfant Jésus, qui a sa jambe passée autour du cou de l'agneau, dans le mouvement habituel aux vierges de l'école de Raphaël. Les plantes du premier plan, les arbres, la rivière, la ville et les montagnes sont largement traités.

Haut., 27 cent.; larg., 20 cent.

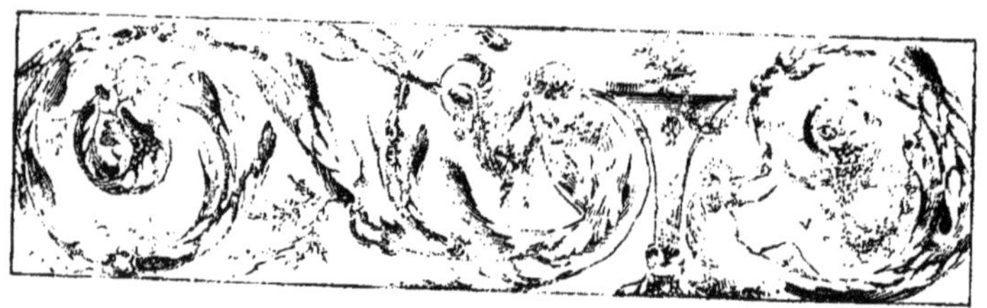

DESSINS ANCIENS

DIVERSES ÉCOLES

BUYS

JACQUES

199 — *Le Sacrifice.*

Une jeune fille près d'un autel veut s'immoler, le prêtre et l'entourage la retiennent.

Dessin à la plume et à l'encre de Chine.

Haut., 12 cent.; larg., 8 cent.

CANALE DIT LE CANALETTO

ANTONIO

200 — *Intérieur.*

Un homme debout, derrière un comptoir, montre des étoffes à un autre homme. A droite, une femme balaie le sol.

En bas et à gauche, la mention : CANALETTI.

Haut., 14 cent.; larg., 18 cent.

TIEPOLO

201 — *La Fondation d'un couvent.*

La Sainte Vierge, tenant sur ses genoux l'Enfant Jésus, prend sous sa protection la supérieure d'un couvent, dont la fondatrice laïque tient à la main les statuts.

Cadre cintré du haut.

Haut., 31 cent.; larg., 17 cent.

TIEPOLO

202 — *Saint Jérôme.*

Des anges montrent à saint Jérôme que le sommeil paraît gagner les livres saints et lui enjoignent de reprendre sa lecture.

Dessin à la sépia.

Haut., 40 cent.; larg., 25 cent.

TIEPOLO

203 — *L'Assomption.*

La Vierge, les bras levés vers le ciel, est emportée par des anges.

Dessin à l'encre de Chine.

Signé en bas et à droite : TIEPOLO.

Haut., 32 cent.; larg., 23 cent.

WEENIX

204 — *Le Retour de la chasse.*

Près d'une fontaine, un chasseur cause à un autre chasseur qui est à cheval, tandis qu'un troisième, un genoux en terre, vide son carnier. Quatre chiens, dont un boit, dans le bassin de la fontaine, les entourent. Dans le lointain, sous un portique, arrive une mule.

En bas et à gauche : cachet de vente.

Haut., 27 cent.; larg., 21 cent.

(*Collection Marmontel.*

ÉCOLE HOLLANDAISE

205 — *Fleurs.*

Dans un vase. des roses, des œillets, des giroflées et d'autres fleurs, dont l'éclat rendu et la finesse d'exécution font de cette aquarelle une œuvre d'un grand intérêt.

Aquarelle.

Haut., 51 cent.; larg., 37 cent.

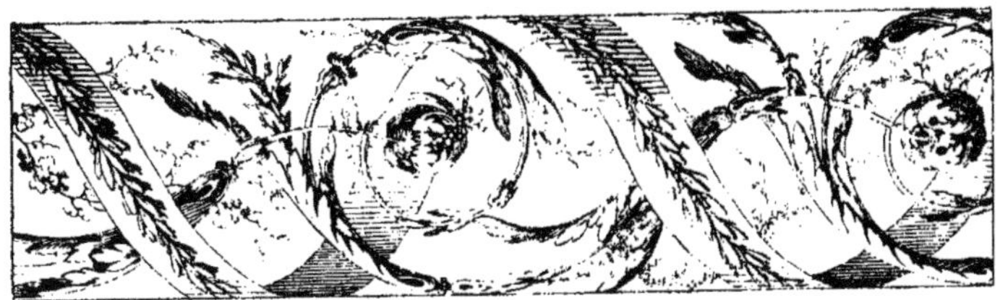

BRONZES DE BARYE

ANCIENS

206 — *Cerf du Gange.*

Cire perdue.

Haut., 10 cent.; larg., 16 cent.

(*Provient de la vente posthume de Diaz.*)

207 — *Paysan Moyen-Age.*

Haut., 35 cent.; larg., 11 cent.

208 — *Crocodille.*

Long., 15 cent.

209 — *Ours sur le dos.*

Haut., 14 cent.; larg., 20 cent.

210 — *Panthère couchée.*

Haut., 10 cent.; larg., 20 cent.

211 — *Moufflon.*

Haut., 8 cent.; larg., 12 cent.

212 — *Bouquetin.*

Haut., 75 millim.; larg., 95 millim.

213 — *Gazelle debout.*

Haut., 11 cent.; larg., 8 cent.

214 — *Faon couché.*

Haut., 35 cent; larg., 65 cent.

ÉPREUVES MODERNES

215 — *Groupe : Angélique et Roger.*

216 — *Candélabres* à neuf lumières, décorés de six figures, mascarons et chimères.

Haut., 95 cent.

217 — *Tigre et Gavial.*

Haut., 42 cent.; larg., 1 m. 5 cent.

218 — *Cerf, dix cors, attaqué par des chiens.*

Haut., 40 cent.; larg., 60 cent.

219 — *Tigre et Antilope.*

Haut., 35 cent.; larg., 53 cent.

220 — *Candélabres* à douze lumières, composés de fruits, feuilles et racines de pavots; serpent à la tige et surmontés d'un oiseau.

Haut., 94 cent.

221 — *Ours attaqué par des chiens de grande race.*

Haut., 27 cent.; larg., 36 cent.

222 — *Cavalier Arabe tuant un sanglier.*

Haut., 25 cent.; larg., 30 cent.

223 — *Gaston de Foix.*

Haut., 36 cent.; larg., 25 cent.

224 — *Milan et Héron.*
Haut., 30 cent.; larg., 12 cent.

225 — *Tigre dévorant un cerf.*
Haut., 20 cent.; larg., 30 cent.

226 — *Taureau attaqué par un ours.*
Haut., 15 cent.; larg., 20 cent.

227 — *Ours et hibou.*
Haut., 20 cent.; larg., 24 cent.

228 — *Singe et Gnou.*
Haut., 23 cent.; larg., 25 cent.

229 — *Éléphant d'Asie.*
Haut., 14 cent.; larg., 16 cent.

230 — *Cheval demi-sang.*
Patine. Médaille.
Haut., 25 cent.; larg., 22 cent.

231 — *Panthère et Zibet.*
Haut., 11 cent.; larg., 22 cent.

232 — *Ours debout.*
Haut., 25 cent.; larg., 12 cent.

233 — *Lion assis.*
Haut., 21 cent.; larg., 16 cent.

234 — *Chat assis.*
Haut., 9 cent.; larg., 6 cent.

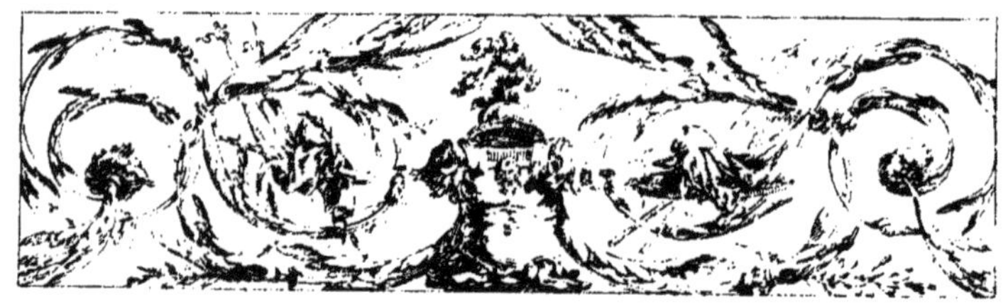

OBJETS D'ART

MINIATURES

235 — **Miniature** découpée d'un missel. Un seigneur montre à un voyageur un château qui se profile dans le lointain. A gauche et au second plan une chapelle près de laquelle prient deux femmes.

Haut., 12 cent.; larg., 8 cent.

236 — **Miniature** rectangulaire, en hauteur, sur vélin. Portrait en pied de Henri III.

Cadre en bois avec fleurs de lis aux angles.

237 — **Peinture** sur vélin, de forme rectangulaire: elle est à double face et provient vraisemblablement d'un manuscrit: d'un côté, des paysans se rendant à l'église; de l'autre, des bûcherons.

238 — **Portrait d'homme** en armure et coiffé de la grande perruque. Peinture à l'huile, sur cuivre, de l'époque de Louis XIV.

239 — **Portrait d'homme** en costume de l'époque de Louis XVI. Il est de forme ovale et renfermé dans un médaillon rectangulaire en or gravé, fermant avec un minuscule cadenas d'or.

240 — **Miniature** de forme ovale sur vélin, représentant Louis XIV en armure.

241 — **Portrait de Marie-Antoinette.**

Cadre en or et marcassites de forme carrée à pans coupés.

242 — **Portrait de Jeune Femme.** Vêtue d'un costume de l'époque de Louis XVI; corsage bleu. Les cheveux poudrés sont recouverts d'un grand chapeau blanc.

Attribué à Campana.

243 — **Médaillon** ovale à double face émaillé sur or. D'un côté, l'éducation de la Vierge par Sainte Anne; de l'autre, la Vierge et l'Enfant Jésus. Les figures représentées nous paraissent être des portraits.

Cadre en or.

244 — **L'Offrande de Cupidon.**

Cadre en bronze doré.

245 — **Portrait de petite Fille,** en costume de l'époque de Louis XVI, écrivant sur une table recouverte d'un tapis vert, brodé aux armes de France.

Signé : Le Tellier.

SCULPTURES

246 — **Buste d'enfant** en marbre blanc, les cheveux longs et la figure souriante. Ce buste représente le portrait de la petite fille de Houdon, par qui il a été exécuté.

Signé : Houdon, 1791.

Haut., 63 cent.

247 — **Petit buste**, en marbre tendre, d'un prince de la maison d'Autriche.

Il est lauré et sa longue chevelure retombe sur son armure à l'antique, en partie recouverte par une draperie. XVIIe siècle.

Haut., 24 cent.

248 — **Buste** en marbre blanc : la Vierge, dont la tête, légèrement inclinée à droite, est recouverte d'une draperie tombant sur les épaules.

Italie, XVIIe siècle.

Haut., 63 cent.

249 — **Marbre blanc.** Deux statuettes, d'après Pigalle : l'Enfant à l'oiseau et la Petite fille au nid, sur pieds en marbre vert antique.

250 — **Buste** de jeune femme en marbre blanc. Travail moderne dans le goût italien du XVe siècle.

Haut., 42 cent.

251 — **Grand bas-relief**, de forme ovale : Portrait de Le Prince, de profil à gauche; il est entouré de l'inscription suivante : « Jean Le Prince, peintre du Roi et Conseiller de son Académie Royale de peinture et sculpture. »

Signé : Par son ami PAJOU, sculpteur du roi, 1782.

Haut., 75 cent.; larg., 58 cent.

252 — **Bas-relief** rectangulaire en marbre blanc, représentant Hercule étendu sur la dépouille du lion; il tient en main sa massue et se détache sur un fond de montagnes.

École de PUGET.

Cadre en bois doré.

Haut., 38 cent.; larg., 45 cent.

253 — **Bas-relief** rectangulaire en marbre blanc : Buste de jeune femme, de profil à gauche ; elle est revêtue d'un riche costume de caractère vénitien.

Travail italien.

Cadre en bois doré.

Haut., 41 cent.; larg., 27 cent.

254 — **Bas-relief** de marbre blanc : Enfant en buste appliqué sur un fond de bois noir et entouré d'une sculpture décorative en bois doré. XVIIIe siècle.

Haut., 1 m. 8 cent.; larg., 93 cent.

255 — **Buste** de jeune femme, en costume fin Louis XVI. Terre cuite, XVIIIe siècle : Portrait présumé de Mme Roland et signé : MARTIN *f.*

Haut., 58 cent.

256 — **Terre cuite**. Buste d'homme, grandeur nature. Signé F. QUESNAI.

257 — **Terre cuite**. Deux statuettes de femmes debout et drapées, figurant l'Été et l'Hiver. XVIIIe siècle.

258 — **Terre cuite**. Groupe de style antique : Génie ailé, nu et debout posant la main droite sur un lion assis.

259 — **Terre cuite peinte**. Chien King Charles assis sur un coussin garni de glands aux angles.

260 — **Plâtre**. Tête de paysanne, par FALGUIÈRE.

BRONZES

261 — **Grand buste**, en bronze, du comte de Horn. Il est vêtu du justaucorps, le cou entouré de la petite fraise et les épaules drapées dans son manteau.

Patine noire. Piédouche en marbre rouge. XVIIe siècle.

Haut., 78 cent.

262 — **Petits bustes** de paysan et de paysanne, se faisant pendants, en bronze noir sur socle en forme de fût de colonne. Époque Louis XVI.

Haut., 19 cent.

263 — **Petite statuette.** Cavalier revêtu de l'armure en partie recouverte d'un long manteau. Il est dans l'attitude du commandement. XVIIe siècle.

Haut., 26 cent.

BRONZE D'AMEUBLEMENT

264 — **Cartel** en bronze, du temps de Louis XV, composé de rocailles, de deux figures d'amours et de branches de vigne.

BOIS SCULPTÉ

265 — **Coffret** en bois sculpté, partiellement doré, les quatre faces décorées d'enfants se terminant en rinceaux et accotant un écu d'armes.

Il est porté sur des pieds en forme de griffes de lion et la poignée est reliée au coffre par une plaque de fer repoussé. Travail italien du XVIe siècle.

Haut., 45 cent.; larg., 30 cent.

266 — **Groupe-applique** en bois sculpté, composé de deux personnages vêtus de longs manteaux et marchant.

Flandres. XVe siècle.

Haut., 38 cent.; larg., 25 cent.

267 — **Statuette-applique** représentant un cavalier revêtu de son armure et tenant en main une épée.

Travail flamand, XVIe siècle.

Haut., 41 cent.; larg., 30 cent.

268 — **Très petit buste** de femme en bois sculpté. XVIIe siècle.

Haut., 85 millim.

TAPISSERIES

269 — **Dans un paysage** peuplé de nombreuses figures et d'animaux, représentant les travaux et divertissements des paysans, se promènent un jeune seigneur et sa femme.

Flandres, fin du XVe siècle.

Haut., 2 m. 80 cent.; larg., 4 m. 50 cent.

270 — **Portière** composée d'un très curieux morceau de tapisserie gothique.

Une figure de femme couronnée, sur la robe de laquelle est l'inscription: *Temis*, est entourée de personnages qui semblent l'implorer. Les hommes portent le chaperon et les femmes le hennin. Fond de verdure et fleurettes.

Flandres, XVe siècle.

Haut., 3 m. 5 cent.; larg., 2 mètres.

271 — **Paysage** boisé, animé d'oiseaux; belle bordure à fleurs.

Travail des Flandres, XVIIe siècle.

Haut., 2 m. 95 cent.; larg., 2 m. 70 cent.

272 — **Série de quatre portières** en tapisserie montées sur velours grenat.

Ces tapisseries, très fines et rehaussées d'argent, représentent des Bacchanales et doivent avoir fait partie de la série du même nom de la collection Spitzer, données à l'atelier parisien de J. Lefèvre.

Haut., 2 m. 35 cent.; larg., 1 m. 30 cent. et 1 m. 40 cent.

ÉTOFFES

273 — **Quatre orfrois** de dalmatiques, brodés en soies de couleurs variées et d'or, sur un fond lamé d'or.

Au centre, des sujets de l'Écriture, dans des cartouches fleuris.

Haut., 44 cent.; larg., 57 cent.

274 — **Grand tapis portugais,** brodé à grands rinceaux de soies de couleurs, sur fond de soie rouge. Il est monté en portière.

Haut., 3 mètres; larg., 2 mètres.

275 — **Grand tapis** semblable.

Haut., 3 mètres; larg., 2 m. 30 cent.

276 — **Grand tapis** analogue.

Haut., 3 mètres; larg., 2 m. 30 cent.

277 — **Grand tapis portugais,** brodé de grands rinceaux fleuris de soie jaune, sur fond de soie rouge.

Haut., 3 mètres; larg., 2 m. 30 cent.

MEUBLES

278 — **Chaise flamande**, du temps de Louis XIII, en bois sculpté, à ornements et armoiries. Les deux montants se terminent par des lions héraldiques.

279 — **Deux tables-supports** de forme ronde, à quatre pieds et traverses d'entrejambes, en bois dur sculpté et à dessus de marbre.

Travail chinois.

280 — **Deux fauteuils** en bois sculpté, recouverts de cuir brun.

Travail flamand du XVIIe siècle.

ORFÈVRERIE

281 — **Boîte** couverte, de forme contournée, en vermeil, décorée d'entrelacs gravés et de médaillons en relief : bustes d'Empereurs et d'Impératrices romains.

Travail allemand, XVIIe siècle.

Haut., 12 cent.; larg., 24 cent.

282 — **Paire de vases** largement ouverts, en argent repoussé et ajouré, reposant sur trois pieds, et décorés de têtes de boucs.

Travail hollandais, époque Louis XVI.

Haut., 12 cent.

283 — **Coupe** en forme de navire, en argent repoussé, et garni de ses gréements.

Travail allemand.

284 — **Deux autruches** montées sur des socles élevés, décorés de figurines et enrichis de pierres de couleur, le tout en argent.

Travail de Vienne (Autriche).

Haut., 15 cent.

285 — **Paire de burettes** en argent repoussé. Époque Louis XV.

Haut., 13 cent.

286 — **Hanap** en vermeil, décoré d'entrelacs gravés et de médaillons en relief. XVIIe siècle. Bustes d'Empereurs et d'Impératrices romains.

Haut., 20 cent.

287 — **Chope** couverte, en argent rehaussé de dorure et décorée de trois médaillons à personnages en costumes du temps de Louis XIV; armoiries sur le couvercle.

Travail allemand, XVIIe siècle.

Haut., 17 cent.

288 — **Mouchettes et plateau** en argent gravé et ciselé; le plateau est bordé de godrons. Époque Régence.

Long., 22 cent.

BIJOUX

289 — **Châtelaine** en or ciselé à rocailles, fleurs et figures allégoriques. Travail du temps de Louis XV.

Elle est garnie d'un cachet et d'une breloque.

290 — **Montre Louis XVI** en or émaillé gros bleu, enrichie d'un portrait de femme peint sur émail et entouré de pierreries.

291 — **Camée du** XVIe siècle, représentant les bustes conjugués et de profil de deux personnages en costumes à fraise. La femme tient un cœur. Il est monté en épingle d'or.

292 — **Intaille** sur jaspe vert en forme de demi-poire. Elle offre sur une de ses faces le sujet du baptême de saint Jean et sur l'autre la Résurrection. Monture en argent doré. Italie XVIe siècle.

293 — **Trois petits médaillons** ovales en or repoussé, représentant des jeux d'amours.

Travail français du temps de Louis XV.

294 — **Petite pomme de canne** en or repoussé, rehaussé d'émaux de couleurs.

Travail moderne.

FAIENCES

295 — **Deux beurriers** couverts et leur plateau, en ancienne faïence de Delft, à décor bleu.

Haut., 8 cent.

296 — **Vase** ovoïde à anses sur piédouche, décor de rinceaux à reflets métalliques mordorés, rehaussés de bleu.

Fabrique de Deruta.

Haut., 23 cent.

297 — **Plat** en faïence hispano-moresque avec ombilic au centre; sur le marli, des gaufrures; décor à rinceaux de reflets métalliques rehaussés de bleu.

Valence, XVIe siècle.

Diam., 34 cent.

298 — **Grand plat** en faïence hispano-moresque, avec ombilic au centre. Le marli est décoré de gaufrures dans la pâte et de rinceaux à reflets métalliques.

Valence, XVIe siècle.

Diam., 40 cent.

299 — **Paire de bouteilles anciennes** en faïence de Delft, à long col pourvu d'un renflement à sa partie supérieure; décor polychrome.

Haut., 41 cent.

300 — **Porte-bouquet**, de forme oblongue, pourvu de trois goulots et reperce, en ancienne faïence de Nevers, à fond bleu: décor de fleurs et d'oiseaux en blanc et ocre.

(Collection Tollin.)

Haut., 16 cent.; larg., 23 cent.

PORCELAINES

301 — **Deux plats creux** en ancienne porcelaine de Chine, famille verte, à décor de Kilin et Fong-Hoang.

302 — **Six assiettes** de vieux Chine, à riche décor, de la famille rose, fleurs et attributs.

303 — **Grand plat** à huit pans en ancienne porcelaine de Chine, famille rose, riche décor à lambrequins sur le marli : au centre, une oie et des pivoines.

Diam., 40 cent.

304 — **Paire de potiches** en ancienne porcelaine du Japon, décorées d'aigles, dans des cartouches réservés ; boutons en forme d'aigles ; décor bleu, rouge et or, rehaussé de vert et de noir.

Haut., 66 cent.

OBJETS DIVERS

305 — **Vingt-quatre couteaux** à lames d'argent et manches en vieux Saxe, décorés de gaufrures sous émail et de fleurs polychromes.

306 — **Couteau oriental**, à poignée d'argent ciselé et doré.

307 — **Petite boîte Louis XVI** de forme ronde, en or ciselé, guilloché et émaillé bleu, et à pilastres et cordons rehaussés d'émail vert émeraude.

308 — **Quatre plaques** en fer repoussé et ciselé, représentant des scènes de l'histoire romaine.

Ces plaques, d'un travail très précieux, sont rehaussées de damasquine d'or et doivent provenir d'un cabinet.

Travail italien du XVIe siècle.

309 — **Coffret** en écaille de l'Inde, décoré d'appliques d'argent repoussé et d'incrustations de nacre; l'entrée de la serrure est formée d'un aigle à deux têtes. Colonies portugaises, XVIIe siècle.

Larg., 28 cent.; haut., 12 cent.

310 — **Deux socles** en marbre vert antique, décorés de frises ajourées en bronze ciselé et doré de la plus grande finesse, attribués à *Gouthière*. XVIIIe siècle.

311 — **Deux petites bouteilles** en céladon bleu-turquoise, jaspé de bleu foncé. Chine.

LIVRES

312 — *L'Artiste.*

1re série, 15 volumes

313 — *L'Artiste.*

2e série, 8 volumes.

314 — *L'Artiste.*

3e série, 3 volumes.

315 — Sous ce numéro seront vendus divers objets non catalogués.

www.ingramcontent.com/pod-product-compliance
Ingram Content Group UK Ltd.
Pitfield, Milton Keynes, MK11 3LW, UK
UKHW020315180726
13839UKWH00001B/471